FÚTBOL CLUB BARCELONA
1899—2020

心若红蓝

梦幻巴萨珍藏图纪

冯逸明 / 主编

世界知识出版社

北京·2019

图书在版编目（CIP）数据

心若红蓝：梦幻巴萨珍藏图纪/冯逸明主编.—北京：世界知识出版社，2016.12（2019.12重印）

（钻石巨星珍藏书系）

ISBN 978-7-5012-5355-5

Ⅰ.①心…Ⅱ.①冯…Ⅲ.①足球运动—俱乐部—概况—西班牙—画册Ⅳ.① G843.655.1-64

中国版本图书馆CIP数据核字（2016）第270081号

责任编辑	余 岚　刘 喆
责任出版	赵 玥
责任校对	张 琨
封面设计	冯逸明
书　　名	心若红蓝：梦幻巴萨珍藏图纪 Xinruo Honglan：Menghuan Basa Zhencang Tuji
主　　编	冯逸明
出版发行	世界知识出版社
地址邮编	北京市东城区干面胡同51号（100010）
网　　址	www.ishizhi.cn
销售电话	010-65265923　010-57735441
经　　销	新华书店
印　　刷	北京朗翔印刷有限公司
开本印张	787mm×1092mm　1/16　7印张
字　　数	245千字
版次印次	2016年12月第一版 2019年12月第二次印刷
标准书号	ISBN 978-7-5012-5355-5
定　　价	49.80元

■版权所有　翻版必究

（如有任何印刷装订质量问题请联系010-57735441调换）

目录
CONTENTS

(I) 走进巴萨 **14**
诺坎普——巴萨圣殿 / 拉玛西亚——梦想之源 / 巴萨 2019/2020 赛季首发阵容

(II) 梦幻星河 **29**
巴萨历史四十大巨星
拉迪斯劳·库巴拉 / 路易斯·苏亚雷斯 / 桑多尔·柯奇士 / 卡雷斯·雷克萨奇 / 米盖利·贝尔纳 / 约翰·克鲁伊夫 / 约翰·内斯肯斯 / 迭戈·马拉多纳 / 伯恩德·舒斯特尔 / 加里·莱因克尔 / 安东尼·苏比萨雷塔 / 米歇尔·劳德鲁普 / 罗纳德·科曼 / 赫里斯托·斯托伊奇科夫 / 何塞普·瓜迪奥拉 / 索乌萨 / 罗马里奥 / 塞尔吉·巴尔胡安 / 格奥尔基·哈吉 / 阿贝拉多·费尔南德斯 / 路易斯·菲戈 / 路易斯·恩里克 / 罗纳尔多 / 里瓦尔多 / 帕特里克·克鲁伊维特 / 弗兰克·德波尔 / 菲利普·科库 / 哈维 / 卡尔斯·普约尔 / 马克·奥维马斯 / 维克托·巴尔德斯 / 安德雷斯·伊涅斯塔 / 罗纳尔迪尼奥 / 安德森·德科 / 萨穆埃尔·埃托奥 / 里奥·梅西 / 蒂埃里·亨利 / 兹拉坦·伊布拉西莫维奇 / 杰拉德·皮克 / 内马尔·达·席尔瓦 / 路易斯·苏亚雷斯

(III) 泰斗宗师 **69**
巴萨历史十大名帅
杰克·格林维尔 / 费迪南德·道西克 / 埃拉尼奥·埃雷拉 / 里努斯·米歇尔斯 / 约翰·克鲁伊夫 / 博比·罗布森 / 路易斯·范加尔 / 弗兰克·里杰卡尔德 / 何塞普·瓜迪奥拉 / 路易斯·恩里克

(IV) 红蓝如梦 **79**
巴萨传略 1899—2019
楔子 / 创建之初 / 发轫之际 / 初登巅峰 / 涅槃重生 / 五冠王朝 / 梦之起航 / "梦一"时代 / "梦二"时代 / "梦三"时代 / "梦四"时代 / 梦的流转
巴萨 2019/2020 赛季阵容

(V) 造梦空间 **97**
巴萨七大关键词
梦之队 / 无锋战术 / 4 号传承 / 双雄争霸 / 六冠王 / 全攻全守 / 技术为王

(VI) 巴萨之耀 **105**
红蓝百年高光闪回
荣誉数据酷 / 巴萨档案 / 巴萨纪录榜单 / 巴萨冠军榜单

5

欧冠联赛冠军

巴萨在2014/2015赛季第5次获得欧洲冠军联赛冠军，仅次于皇马的13次、AC米兰的7次和利物浦的6次，与拜仁慕尼黑同为5次。

巴萨分别在1991/1992赛季决赛以1比0战胜桑普多利亚、2005/2006赛季决赛以2比1战胜阿森纳、2008/2009赛季决赛以2比0战胜曼联、2010/2011赛季决赛以3比1战胜曼联、2014/2015赛季决赛以3比1战胜尤文图斯。

5

欧洲超级杯冠军

巴萨在2015年8月12日第5次获得欧洲超级杯冠军,和AC米兰一同成为夺得该项赛事冠军次数最多的球队。他们分别在1992年以两回合总比分3比2战胜云达不来梅、1997年以两回合总比分3比1战胜多特蒙德、2009年以1比0战胜顿涅茨克矿工、2011年以2比0战胜波尔图、2015年以5比4战胜塞维利亚。

西 甲 联 赛 冠 军

26

2019年4月27日,西甲联赛第35轮,梅西替补出场打入制胜进球,巴萨主场以1比0小胜莱万特,因此提前3轮登顶,夺得俱乐部历史上第26座西甲联赛冠军,完成近11个赛季8次夺冠的壮举。梅西也拿到个人的第10座西甲冠军奖杯,这让他成为夺冠次数最多的巴萨球员。

西班牙国王杯冠军

30

2018年4月21日西班牙国王杯决赛，巴萨在马德里万达大都会球场以5比0大胜塞维利亚，拿下俱乐部历史上第30座国王杯冠军奖杯。这是巴萨连续第5次晋级国王杯决赛，创历史纪录。同时，这也是队长伊涅斯塔最后一次代表巴萨征战国王杯赛。

西班牙超级杯冠军

13

2018年8月12日,第32届西班牙超级杯在摩洛哥丹吉尔的伊本·巴图塔球场上演。本届杯赛一改以往的主客场双回合赛制,变为单回合赛制。

塞维利亚在开赛第9分钟先拔头筹,巴萨在第42分钟由皮克补射扳平比分。第78分钟,梅西助攻登贝莱打入反超一球。最终,巴萨以2比1逆转塞维利亚夺冠。

自此,巴萨共13次获得西班牙超级杯冠军,是此项赛事夺冠次数最多的球队。

Camp Nou
走进巴萨

诺坎普——巴萨圣殿

当库巴拉来到巴萨时，旧的大教堂体育场似乎已不足以容纳狂热的球迷，因此建立一个新球场理所当然地被提上了日程。自提案提出到1957年9月24日诺坎普正式投入使用，这期间诺坎普度过了一段艰辛的日子，但梦想终于成为现实。

诺坎普体育场位于西班牙巴塞罗那市内，是巴塞罗那的主场，也是欧洲最大的体育场，原来能容纳观众98000人，在1982年的西班牙世界杯时，体育场的座位增加到了120000个。它也是世界第二大体育场，仅次于具有传奇色彩的巴西马拉卡纳体育场。

拥有现代化的通用设备，诺坎普是全欧洲最好的足球场地。在1998/1999赛季，欧足联授予它"五星级"球场称号。

巴萨主场诺坎普体育场的建造源于那些极具自尊心的巴萨支持者，他们不仅仅确定了球场的位置与面积，也定义了球场的建筑风格。诺坎普体育场也是巴塞罗那的地标式建筑。

在诺坎普体育场未建成前，巴萨所用的大教堂球场只能容纳60000人，当时球场已经不堪重负。当"传奇射手"

● 由于巴萨进入21世纪后彪炳的战绩，越来越多的游客慕名到俱乐部主场观光。诺坎普已经跃升为西班牙的著名景点，每年有多达百万的世界各地游客在非比赛日参观这座球场。

● 这座建于20世纪50年代的体育场虽然没有太多值得炫耀的先进设施，但是那种与生俱来的王者气场和历史底蕴却足以震撼每个球迷的心。

● 诺坎普的巴萨球迷用品旗舰店，拥有琳琅满目的各种陈列品，包括球鞋、足球、球星卡、纪念册等。

● 利用一线队不使用主场的这段假期，巴塞罗那俱乐部从2012年7月8日开始为诺坎普球场进行了一系列整修，包括外部和内部，以期在新赛季让"红蓝军团"获得一流的主场环境。

库巴拉加盟巴萨时，大教堂体育场更显局促，于是巴萨决定在此球场附近买下一块土地来兴建新球场。

1954年新球场动工，并命名为诺坎普体育场，于1957年9月24日正式启用，巴萨人的梦想终于成为现实。

从投入使用的那一天开始，诺坎普每天都在发展，以适应各种时代变化。过去几十年，内诺坎普已经多次更新了场地配置。越来越多的硬件设施被建造，并配备了最新的高科技。

球场虽然容纳人数众多，但交通便捷，九万球迷在五分钟内就能全部疏散。

在加泰罗尼亚语里，"Camp Nou"意为"新场地、新体育场"，发音近似为坎帕诺，但因为在英语中常被错误地称呼为"Nou Camp"，所以国内也将其翻译为诺坎普球场。除了举办过世界杯以及奥运会等重量级的世界赛事，1982年11月17日诺坎普还十分荣幸地迎接了约翰·保罗二世教皇的来访。

能容纳超过十万人的诺坎普球场之所以能名动天下，除了俱乐部骄人的战绩，球场的独特魅力也令人折服。虽然这座建于20世纪50年代的体育场没有太多值得炫耀的先进设施，但是那种与生俱来的王者气场和历史底蕴却足以震撼每个球迷的心。而且7欧元的门票价格也是非常划算的。

温暖明媚的伊比利亚半岛，时尚动感的巴塞罗那，这里有最浓郁热烈的加泰罗尼亚风情，这里有最美艳狂野的西班牙女郎，当然，这里也有最纯粹唯美的足球艺术圣殿。

La Masia
拉玛西亚——梦想之源

"拉玛西亚"在西班牙体育术语里就是基地的意思。巴萨被公认为拥有当今世界最好的青训营。拉玛西亚拥有一套完整的培养体系，各年龄段学员共分成 16 支球队，每支球队的人员组成情况也不太相同，大体上可以分成四个类别：巴萨 B 队（西班牙低级别职业联赛）、青年队（西班牙青年联赛及同龄组友谊赛）、少年队（同龄组友谊赛）、幼年队（同龄组友谊赛）。

青训营拥有超过 300 名年轻球员，从这里走出的优秀球员不仅成为巴萨的中坚力量，也是西班牙国家队在 2010 年世界杯以及 2008 年、2012 年欧洲杯夺冠的重要成员。

拉玛西亚的由来

拉玛西亚比邻诺坎普球场而建，是巴萨青年队的家园。这座地标式建筑也是巴萨俱乐部历史与传统的一部分。投建于 1702 年的拉玛西亚占地面积 603 平方米，最初是当地农民居住的农舍，之后则被用作制造模型的车间。

现在的拉玛西亚是著名的青训学院，拥有着各大俱乐部争相学习的目标和仿效的青训体系模板。

已经有超过 50 名从拉玛西亚走出的年轻球员在巴萨一线队崭露头角。除了巴萨，拉玛西亚也走出了许多为西班牙各级别联赛球队效力的球员。

新拉玛西亚

位于甘珀体育城的奥里奥尔·托特训练中心传承着拉玛西亚的传统，成为巴萨青训新的标志。

新基地拥有出色的设备、独特的设计、优化的智能设施。这里的所有设施都是为了提供给年轻学员们最好的培养与教育而修建，在体育和学习两方面都是如此，这给离开自己的家庭投身于巴萨并开始自己的职业生涯的年轻人们提供了便利。

奥里奥尔·托特训练中心占地面积

达到6000平方米，被划分为五层楼面结构，其中3/5被用作培养年轻球员的青训学院，而其余部分则是留待以后使用的。

克鲁伊夫开启拉玛西亚

1979年，后来被誉为"巴萨教父"的克鲁伊夫向当时的巴萨主席努涅斯建议将阿贾克斯青训营的成功经验引入巴萨。拉玛西亚青训营应运而生。

1990年，卡雷斯·布斯克茨以及瓜迪奥拉均被克鲁伊夫从拉玛西亚青训营提拔到一线队。尤其是瓜迪奥拉，他传承了克鲁伊夫全攻全守的理念，可以说是拉玛西亚青训营早期最成功的典范。

40年磨一剑

拉玛西亚青训营成立至今，整体而言是极为成功的。克鲁伊夫时期的瓜迪奥拉、阿莫尔和老布斯克茨都是成功的典范。1997年范加尔离开阿贾克斯来到巴萨后，普约尔、哈维、莫塔和霍尔克拉均得到荷兰人的提拔。那时"青训至上"的理念并未完全植入巴萨人的灵魂，那个时代的巴萨，里瓦尔多是核心。不过范加尔也是爱使用年轻球员的主帅，2002年伊涅斯塔就是在他帐下上演了处子秀。

普约尔、哈维、伊涅斯塔、巴尔德斯等核心球员的冒出，意味着拉玛西亚33年的精心培育结出了丰硕的果实，范加尔的提拔和使用也应该记上一功。里杰卡尔德时代，拉玛西亚青训营走出了最伟大的球员——里奥·梅西。

16岁之前绝不练体能

"在16岁之前，我们绝不会对学员进行任何的体能训练，只是做有球练习。"这是拉玛西亚青训营总监阿尔贝托·普伊格说得最多的一句话。在拉玛西亚，脚下技术的训练排在首位。停球、盘带和一脚传球是训练最多的内容。

在团队训练中，学员完成传球之后必须立刻跑位，为第二次触球做准备。在拉玛西亚，最基本的要求之一就是在十二三岁之前，必须懂得阵形、跑位的含义。

学院式生活

拉玛西亚的训练并没有人们想象中的疯狂，而是一天最多练2个小时。和普通学校一样，拉玛西亚青训营也有暑假，16岁以下的球员有45—60天的暑假，16岁以上的球员则有30天。

在这种学院式的教育下，拉玛西亚培训出来的巴萨球员的文化课成绩往往高于其他俱乐部球员。拉玛西亚不光培养球员的足球技能，更培养德才兼备的人才。

网罗全球才俊

很多豪门都有自己的球探体系，巴萨亦不例外。其球探分布情况为：加泰罗尼亚地区（15人）、西班牙其他地区（15人）、其他国家（10人）。这40位球探的技术报告将直接决定很多青少年的命运，甚至巴萨的未来。

另外，巴萨与全球多达15家俱乐部建立了伙伴关系，这些俱乐部也有自己的球探体系。每年共有超过1000名6岁至8岁的男孩想要尝试进入拉玛西亚，能够进入巴萨青训营的孩子无疑是幸运的。

青训营实行不收费政策。巴萨每年为拉玛西亚青训营投入的资金在1800万欧元左右，这是一笔不小的开支，当然，由此而产生的效益以及深远意义，远比投入更大。

拉玛西亚诞生的著名球员

姓名	位置	场次/进球
西格弗里德·格拉西亚	中后卫	292场进5球
贾吉托·特加达	前锋	149场进73球
马蒂·贝尔格斯	中场	253场进21球
弗朗西斯科·罗德里格斯	中后卫	82场进0球
费兰·奥利维拉	中后卫	264场进1球
埃拉迪奥·西尔维斯特雷	中后卫	226场进8球
何塞普·富斯特	中场	197场进47球
萨尔瓦多·萨杜尼	门将	295场进0球
路易斯·普杰尔	前锋	63场进13球
卡洛斯·雷克萨奇	右边锋	449场进122球
安东尼奥·奥尔莫	中后卫	188场进4球
何塞·桑切斯	中场	288场进18球
胡安·卡洛斯·罗霍	前锋	63场进4球
柠蒙·卡尔德雷	中场	110场进15球
弗朗西斯科·卡拉斯科	中场	262场进49球
帕科·科洛华	前锋	62场进9球
卡洛斯·布斯克茨	门将	79场进0球
路易斯·米拉	中场	54场进2球
吉列尔莫·阿莫尔	后腰	421场进68球
阿尔伯特·费雷尔	右边锋	204场进1球
何塞普·瓜迪奥拉	中场	366场进12球
塞尔吉·巴尔胡安	左后卫	382场进11球
阿尔伯特·塞拉德斯·洛佩斯	后腰	72场进4球
伊万·德拉佩纳	前腰	116场进15球
赫拉德·洛佩斯	中场	91场进5球
卡尔斯·普约尔	中后卫	593场进18球
路易斯·加西亚	边锋/前腰	38场进8球
加布里·德拉托雷	中场	129场进7球
哈维	中场	767场进85球
费尔南多·纳瓦罗	左后卫	35场进1球
佩佩·雷纳	门将	49场进0球
维克托·巴尔德斯·阿里巴斯	门将	535场进0球
蒂亚戈·莫塔	中场	139场进9球
安德雷斯·伊涅斯塔	中场/左边锋	674场进57球
里奥·梅西	右边锋/前锋	692场进604球
杰拉德·皮克	中后卫	508场进47球
弗朗西斯科·法布雷加斯	后腰/前腰	151场进42球
佩德罗·罗德里格斯	左边锋	321场进99球
塞尔吉奥·布斯克茨	后腰/中场	544场进13球
约尔迪·阿尔巴	左后卫	218场进10球
吉奥瓦尼·多斯桑托斯	前腰/前锋	37场进4球
博扬·科尔基奇	前锋/边锋	163场进41球
克里斯蒂安·特略·埃雷拉	前锋/边锋	86场进20球
蒂亚戈·阿尔坎塔拉	中场/前腰	101场进11球
拉菲尼亚·阿尔坎塔拉	前腰	90场进12球
穆尼尔·埃尔·哈达迪	前锋	16场进1球
塞尔吉·罗贝托	中场/边后卫	254场进8球
卡莱斯·阿莱尼亚	中场	35场进3球
卡莱斯·佩雷斯	边锋	7场进1球
穆萨·瓦格	右后卫	3场进0球
安苏曼·法蒂	边锋	6场进2球

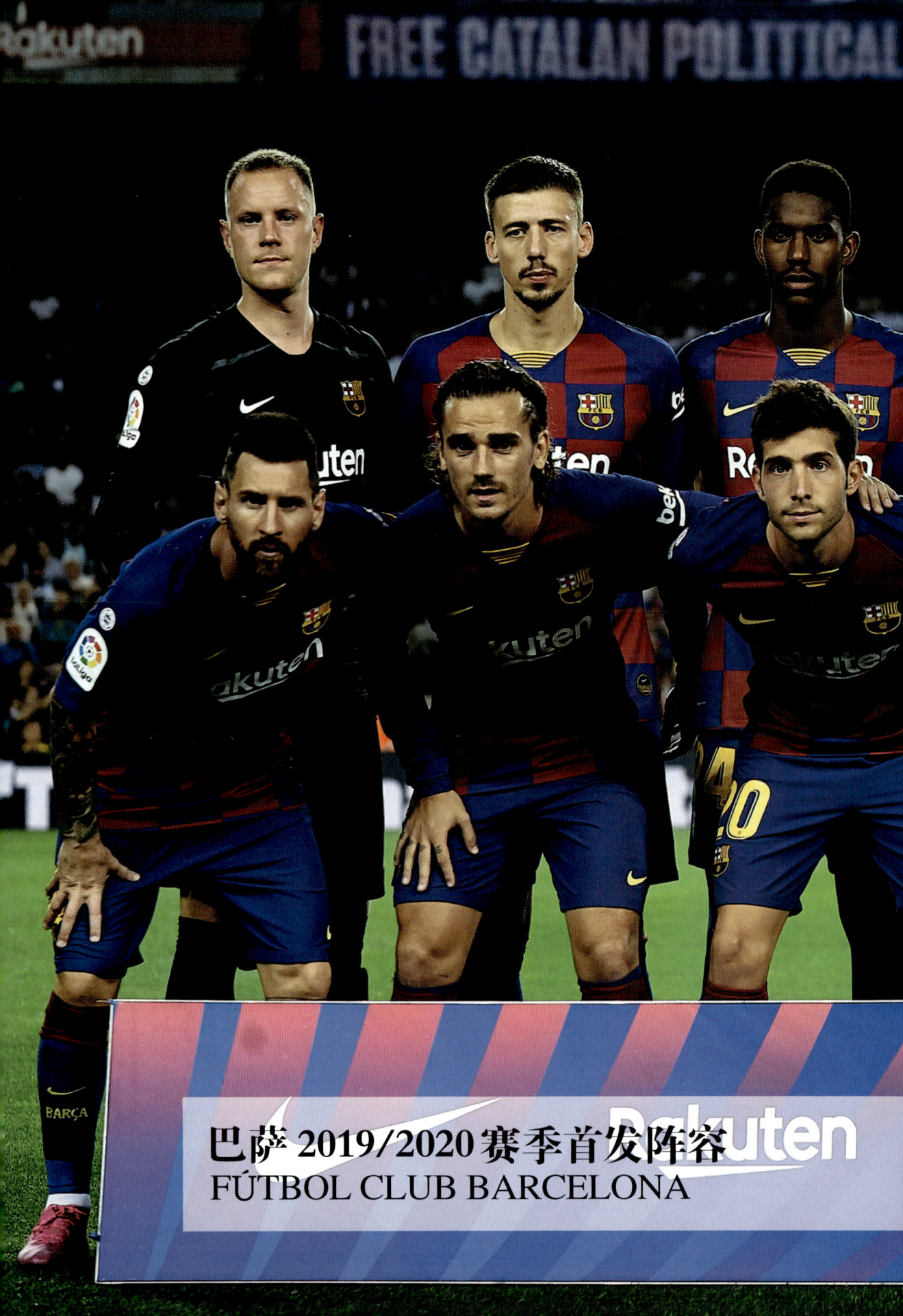

后排左起：马克—安德烈·特尔施特根、克莱门特·朗格莱、儒尼奥尔·菲尔波、内尔松·塞梅多、塞尔吉奥·布斯克茨、杰拉德·皮克

前排左起：里奥·梅西、安东尼·格里兹曼、塞尔吉·罗伯托、阿图尔、路易斯·苏亚雷斯

MSG

2019年夏,西甲豪门马德里竞技的第一射手安东尼·格里兹曼以1.2亿欧元的天价转会费加盟巴萨,于是"红蓝军团"的"新式梦幻三叉戟"正式成形。梅西(Messi)、苏亚雷斯(Suárez)、格里兹曼(Griezmann)的"MSG"组合(取三人姓氏的首字母组成)横空出世。

他们三人均传射俱佳、意识出众,三位大师级球星能否配合默契只是时间问题。回溯巴萨历史上的三叉戟,最强非"MSN"莫属。这一南美组合在2014/2015赛季和2015/2016赛季联手打入创纪录的131球,风光一时无两。而如今的"MSG"组合能否再续辉煌,我们拭目以待。

2019/2020赛季伊始,因为伤病原因,里奥·梅西缺阵数场。此前他右腿比目鱼肌的伤势刚好,复出后不久在对阵比利亚雷亚尔时左大腿又伤……然而反复伤病并没有影响梅西的状态,这位巴萨天王反而越战越勇。

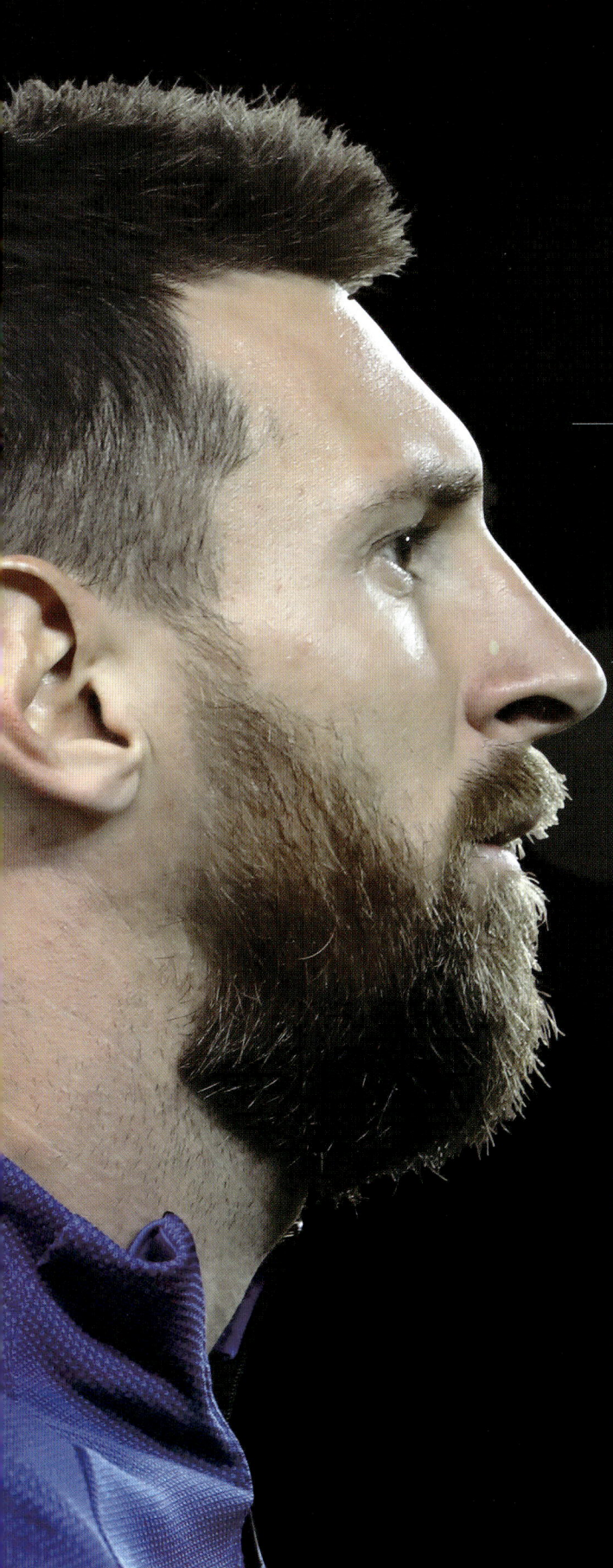

M
MSG

Lionel Messi
里奥·梅西

2019年9月24日,梅西力压C罗、维吉尔·范迪克获得2019年度国际足联最佳男子球员奖(前世界足球先生奖),虽然一时间争议不断,但复盘一下之前三人的上赛季表现,便会发现梅西获得此项殊荣实至名归。

2018/2019赛季,梅西代表巴萨共出战50场,打进51球,送出22次助攻。其中梅西在34场西甲联赛中打进36球并送出13次助攻,两项数据均为五大联赛之最,并率领巴萨最终如愿卫冕西甲冠军。

此前,梅西包揽2018/2019赛季西甲最佳球员、最佳射手和欧冠最佳射手,此刻又将2019年度国际足联最佳男子球员奖的荣耀揽于一身,可谓风光无限。

也许是夺得至尊荣耀的激励,转入10月后的梅西又呈现出巅峰状态。

2019年10月3日,欧冠小组赛第2轮,巴萨主场以2比1逆转国际米兰。第84分钟,梅西在中场附近得球,长驱突破,连过数人,摆脱后横传,助攻苏亚雷斯低射破门,绝杀对手。

2019年10月6日,巴萨主场迎战塞维利亚。第59分钟,梅西连过四人,在禁区左侧大力低射,可惜被托马斯·瓦茨利克将球扑出,此球险些复制马拉多纳当年过五关斩六将的神迹。第77分钟,梅西主罚任意球,又用一记完美的"落叶斩"刺破对手的大门。

此战巴萨以4比0完胜塞维利亚,苏亚雷斯用倒钩破门来宣示"杀神归位",而梅西则用任意球破门来宣告"王者归来"。

里奥·梅西巴萨荣耀数据汇总表

614
巴萨总进球
（2004—2019 年）

428
西甲联赛进球
（2004—2019 年）

114
欧冠联赛进球
（2004—2019 年）

259
巴萨总助攻
（2004—2019 年）

10
西甲联赛冠军
2004/2005 赛季
2005/2006 赛季
2008/2009 赛季
2009/2010 赛季
2010/2011 赛季
2012/2013 赛季
2014/2015 赛季
2015/2016 赛季
2017/2018 赛季
2018/2019 赛季

4
欧冠联赛冠军
2005/2006 赛季
2008/2009 赛季
2010/2011 赛季
2014/2015 赛季

6
西班牙国王杯冠军
2004/2005 赛季
2008/2009 赛季
2011/2012 赛季
2014/2015 赛季
2015/2016 赛季
2016/2017 赛季
2017/2018 赛季

8
西班牙超级杯冠军
2005 年、2006 年、
2009 年、2010 年、
2011 年、2013 年、
2016 年、2018 年

3
欧洲超级杯冠军
2009 年、2011 年、
2015 年

3
世俱杯冠军
2009 年、2011 年、
2015 年

　　2019 年 9 月 24 日，国际足联举行年度颁奖典礼。梅西获得 2019 年度国际足联最佳男子球员奖（前世界足球先生奖）。32 岁的梅西在阔别足坛至高荣誉 4 年之后，再次站在世界足坛之巅。

　　2019 年 12 月 3 日，梅西夺得 2019 年金球奖，职业生涯第六次问鼎金球奖，成为获得该奖项次数最多的人。此前梅西在 2009 年获得金球奖和最后一届世界足球先生奖，之后世界足球先生奖和金球奖合并为国际足联金球奖。此后梅西又分别在 2010 年、2011 年、2012 年以及 2015 年四次获得国际足联金球奖。2016 年，国际足联与《法国足球》杂志结束合作，双方开始分别评选国际足联最佳男子球员奖与金球奖。

6

金球奖
2009 年、2010 年、
2011 年、2012 年、
2015 年、2019 年

2

世界足球先生奖 / 国际足联最佳男子球员奖
2009 年、2019 年

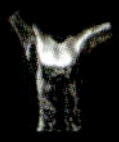

2

欧洲最佳球员奖
2010/2011 赛季
2014/2015 赛季

6

欧洲金靴奖
2009/2010 赛季
2011/2012 赛季
2012/2013 赛季
2016/2017 赛季
2017/2018 赛季
2018/2019 赛季

6

西甲最佳球员奖（迪斯蒂法诺奖）
2008/2009 赛季
2009/2010 赛季
2010/2011 赛季
2014/2015 赛季
2016/2017 赛季
2017/2018 赛季

2

世俱杯金球奖
2009 年、2011 年

2019/2020赛季,巴萨的前锋线人才济济。然而几番战罢,便会发现,路易斯·苏亚雷斯才是状态最为出色的那把"利刃"。

路易斯·苏亚雷斯巴萨荣耀数据汇总表

187	**23**	**1** 	**4** 	**1** 
巴萨总进球 (2014—2019年)	欧冠联赛进球 (2014—2019年)	欧洲超级杯冠军 2015年	西甲联赛冠军 2014/2015赛季、2015/2016赛季 2017/2018赛季、2018/2019赛季	欧冠联赛冠军 2014/2015赛季
138	**88**	**1** 	**4**	**2** 
西甲联赛进球 (2014—2019年)	巴萨总助攻 (2014—2019年)	世俱杯冠军 2015年	西班牙国王杯冠军 2014/2015赛季、2015/2016赛季 2016/2017赛季、2017/2018赛季	西班牙超级杯冠军 2016年、2018年

2019/2020赛季，梅西因为伤病原因迟迟才迎来首球，新加盟的格里兹曼还未能融入"4-3-3"阵形，而登贝莱进球后"染红"，其毛躁的性格难堪重任。反观苏亚雷斯，他那"嗜血杀手"的本色在本赛季展露得淋漓尽致。

对阵国际米兰，苏亚雷斯那技惊四座的凌空抽射还余音未了，紧接着他又接梅西横传，中路强势杀入，以一记"爆杆"破门绝杀了"蓝黑军团"！苏亚雷斯用"梅开二度"来完成他在巴萨的欧冠第50战。

人们还在赞叹"苏牙"的威力，三日后，他又奉献出一记"神来之笔"。对阵塞尔维亚，这位巴萨9号在鬼魅游走之后顺势倒钩破门。这一进球堪比C罗对阵尤文图斯的那记倒钩，堪称足球场上可遇而不可求的即兴巅峰神作。

临近33岁的年纪，反复发作的膝伤，令很多人都慨叹苏亚雷斯在这个赛季难复当年之勇。然而他呈现惊人的进球效率与状态，以此告诉世人，他还是在关键时刻总能以非凡手段终结对手的那柄"绝世利刃"。

S
MSG

Luis Alberto
Suárez
路易斯·苏亚雷斯

G
MSG

Antoine Griezmann
安东尼·格里兹曼

如精灵一样飞舞，如刺客一样闪袭，一头飘逸闪耀的金发，一副忧郁俊美的面容，安东尼·格里兹曼堪称法兰西的足球王子。

他是2018年俄罗斯世界杯法国队的夺冠功臣，以打进4球送出3次助攻的佳绩荣膺世界杯银靴奖。他也是"床单军团"的第一射手，2018/2019赛季他打入21球，冠绝马德里竞技全队。这样一位声名显赫的法兰西巨星终于在2019年夏天，以1.2亿欧元的天价转会费加盟巴萨。

格里兹曼华丽细腻的脚法似乎能与"技术流天团"巴萨无缝对接，他与梅西、苏亚雷斯组成"MSG"似乎是天作之合，然而现实并非那样完美。

从为巴萨出战的前九场比赛来看，格里兹曼打进3球并送出2次助攻，状态尚可，但并未达到人们所期望的高度。他喜欢"九号半"，这与梅西在中路的位置有些重合。巴萨主教练巴尔韦德让格里兹曼顶替库蒂尼奥来打左边锋，然而边锋需要爆发力和一对一的突破能力，这让格里兹曼勉为其难，再加上巴萨小快灵的渗透打法，初来乍到的格里兹曼也很不适应。

随着比赛的深入与阵容的磨合，相信格里兹曼应该很快找到自己熟悉的领域，发挥出以往的威力。毕竟他是这个星球上脚法最为细腻的球员之一，临场适应力亦是超强。

梅西、苏亚雷斯、格里兹曼，账面上空前强大的"MSG"三叉戟，如何才能发挥出应有的威力，这是一个有趣的命题，也是巴萨主帅亟待解决的问题。

梦幻星河

巴萨历史四十大巨星

FÚTBOL CLUB BARCELONA

梦幻巴萨珍藏图纪 ●心若红蓝
Fútbol Club Barcelona

巴萨元勋
拉迪斯劳·库巴拉
Ladislau Kubala

● 1950—1961 年代表巴萨出场 256 次进 194 球

1927 年 6 月 10 日,库巴拉出生在匈牙利首都布达佩斯一个斯洛伐克和波兰人组成的家庭里。在库巴拉的童年好友当中,有两个值得一提:一个是柯奇士,另一个是普斯卡什,这两人后来都成了名扬四海的球场杀手。他们三人从小在一起踢足球,既是好朋友又是对手;切磋球技时是好朋友,但踢球时各显神通,互不相让。直到长大成人,他们三人还保持着这种关系。

1951 年,库巴拉首次亮相西班牙赛场。库巴拉的到来给巴萨带来了一系列胜利,开创了一个新的纪元。库巴拉的强大不可想象,他技术华丽,拥有非常出色的任意球和点球功夫,对比赛的解读能力极强。他是天生的领袖,成就了巴萨著名的"五冠王"。

在库巴拉的带领下,巴塞罗那队一路过关斩将杀入了国王杯的决赛,并在 1951 年 5 月 27 日对皇马的决赛中以 3 比 0 取胜,而这只是库巴拉在巴塞罗那俱乐部辉煌的开始。随后的 1951/1952 赛季,库巴拉与塞尔尔·罗德里格斯等球员通力合作,带领球队夺得联赛和国王杯赛冠军,另外还获得了欧洲拉丁杯、马丁·罗西杯和伊娃杯的冠军,成就了巴萨史无前例的"五冠王"。库巴拉精巧的盘带技艺、富有想象力的传球和极具观赏性的射门令球迷叹为观止,从那以后,只要库巴拉出场,球迷们就会不停地喊他的名字,为他助威。库巴拉出色的脚下技术也令教练和队友折服,自他加盟起,巴萨的定位球便都由库巴拉一手包办,直到他离开球队。

1953 年巴萨没能带来迪·斯蒂法诺,球迷们失去了欣赏当时世界上两个最好的球员并肩战斗的机会,而其中一个原因是俱乐部十分相信库巴拉的能力能够给巴萨带来辉煌,因此没有尽全力去和皇马争夺迪·斯蒂法诺。正是从库巴拉开始,巴萨进一步确立了技术型足球的风格,比赛力求打出华丽流畅的地面配合,引援也注重球员的技术水平。库巴拉代表巴萨参加了 329 场比赛,打进 256 球,其中正式比赛 256 场,共打进 194 球。

退役以后,库巴拉在巴萨出任过技术顾问,1961 年 11 月还曾担任巴萨主教练。1989 年库巴拉出任巴萨前队员联盟主席,去世以前,他一直是巴塞罗

那俱乐部老队员联盟的名誉主席。

2002 年 5 月 17 日,库巴拉去世后,巴萨在诺坎普球场前的广场上竖起了他的雕像,这也是巴萨历史上唯一一座球员雕像。

●中文名:拉迪斯劳·库巴拉
●外文名:Ladislau Kubala
●国籍:匈牙利
●出生地:布达佩斯
●出生日期:1927 年 6 月 10 日
●身高:1.76 米　●场上位置:二前锋
●主要荣耀:4 次西甲联赛冠军、5 次国王杯冠军、2 次西班牙超级杯冠军、2 次欧洲联盟杯冠军、1 次拉丁杯冠军、1 次奥运会冠军

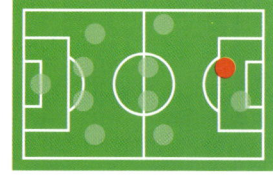

NO. 02 SUPER STAR

疾速之刃
路易斯·苏亚雷斯
Luis Suárez Miramontes

● 1954—1961 年代表巴萨出场 216 次进 112 球

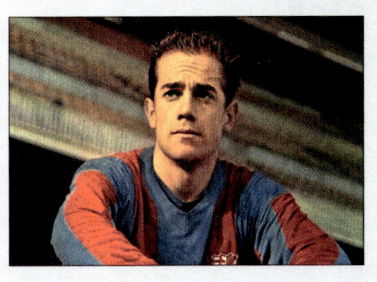

苏亚雷斯从小就受父亲的影响，喜欢踢足球。18 岁正式进入西甲拉科鲁尼亚队，开始职业球员的生涯。一次在与巴塞罗那队的比赛中，他高超的球技征服了巴萨管理层。1954 年西班牙劲旅巴塞罗那队宣布与 19 岁的苏亚雷斯签约，一代天才球员的创世神话拉开序幕。作为西班牙历史上唯一一位获得金球奖的球员，苏亚雷斯可谓风光无限。

苏亚雷斯体格清瘦，中等身材，但身体移动速度奇快。只要球到了他的脚下，他立即会变成一个活力四射的球员。他在巴塞罗那的训练异常艰苦，不仅球技进步明显，心理素质也逐渐提高。

他的控球出神入化，如入无人之境，几个防守队员围追堵截都奈何他不得。他年纪轻轻就担任了巴塞罗那队的队长，效力巴萨 7 年，出场 216 次，打进 112 粒进球。

1958/1959 赛季和 1959/1960 赛季，苏亚雷斯率领巴萨连续两年获得西甲联赛冠军。这两年也是他个人生涯的巅峰，两个赛季分别打进 14 球和 13 球，为生涯最高纪录。

1960 年，苏亚雷斯凭借出色的个人表现荣膺欧洲金球奖，这是西班牙历史上唯一一位获得金球奖的球员，当时他击败了普斯卡什、迪·斯蒂法诺和雅辛等世界一流球员。

毫无疑问，1960 年是苏亚雷斯在巴萨作用最突出的一年，各大牌俱乐部纷纷向他伸出橄榄枝，邀他加入。苏亚雷斯在巴塞罗那的主教练埃雷拉应邀到国际米兰执教后计划按自己的理论重新打造国际米兰队，但他缺少一位能担当重任的中场大将，便多次与苏亚雷斯和俱乐部联系，邀他到亚平宁踢球。1961 年 6 月 1 日，苏亚雷斯转会到意大利的国际米兰队，转会费高达 2.5 亿里拉。

- **中文名**：路易斯·苏亚雷斯
- **外文名**：Luis Suárez Miramontes
- **国籍**：西班牙
- **出生地**：拉科鲁尼亚
- **出生日期**：1935 年 5 月 2 日
- **身高**：1.75 米　**场上位置**：中场
- **主要荣耀**：1 次欧洲足球先生、2 次西甲联赛冠军、2 次国王杯冠军、3 次意甲联赛冠军、2 次欧洲冠军杯冠军、2 次洲际杯冠军、1 次欧洲杯冠军

梦幻巴萨珍藏图纪 ●心若红蓝
Fútbol Club Barcelona

金头
桑多尔·柯奇士
Sándor Peter Kocsis

● 1958—1965 年代表巴萨出场 126 次进 82 球

柯奇士是现代足球史上最擅长头球的前锋，也是 20 世纪 50 年代无冕的王者之师匈牙利国家队的代表性球员。

平心而论，如果要身体条件，作为中锋的柯奇士身材并不算高大，也不很强壮，然而他拥有良好的预判能力和抢点意识、极佳的射门技术和不俗的脚下功夫，是当时进球效率最高的前锋之一，尤其是他的头球功夫十分出众，又由于一头金发，因此被誉为"金头"。

1945 年，当时 16 岁的柯奇士从匈牙利 Kobanyai 俱乐部开始了自己的职业生涯，一年后他转会到匈牙利的费伦罗瓦茨队。在 60 场联赛中踢进了 63 球，并帮助球队获得了一个联赛冠军，自那以后，他便成为引人注目的明星前锋。随后他加盟匈牙利豪门霍恩维德队，与普斯卡什成为队友。

在 1954 年世界杯上，匈牙利是夺冠大热门，队中柯奇士与普斯卡什居中作为主要得分手。在小组赛中柯奇士两场比赛就打进 7 球。进入 1/4 决赛和半决赛，柯奇士两场比赛各进 2 个头球，帮助匈牙利队以两个 4 比 2 淘汰对手昂首晋级决赛。不过因为这两场比赛柯奇士消耗了大量体力，尽管普斯卡什在决赛前伤愈复出，但匈牙利队还是以 2 比 3 遗憾告负于联邦德国，成就了日耳曼人的"伯尔尼奇迹"。柯奇士本人以 11 个进球荣获世界杯金靴。1954 年毫无疑问成了柯奇士在国家队生涯当中的高峰。

1956 年，匈牙利国内发生"十月事件"，随后苏联军队悍然入侵匈牙利，当时正在跟随霍恩维德队前往西班牙参加欧洲冠军杯赛的柯奇士和普斯卡什等球员拒绝返回国内，开始在外流亡。他一度被国际足联禁赛，只能踢一些友谊赛、表演赛来维持生活。

在短暂地前往瑞士年轻人队踢球之后，1958 年柯奇士应西班牙巴塞罗那俱乐部的传奇前锋、同胞库巴拉的邀请，加盟了巴萨。柯奇士不仅获得了 1958—1960 年的西甲两连冠，还在 1958/1959 赛季获得了国王杯冠军。在那届国王杯上，柯奇士 6 场比赛打进恐怖的 11 球。1959/1960 赛季巴萨首次参加欧洲冠军杯比赛，1/4 决赛对阵以进攻见长的英格兰冠军狼队，次回合比赛柯奇士在肩膀摔脱臼的情况下，上演了"帽子戏法"。1960/1961 赛季冠军杯半决赛第二回合在客场，柯奇士在全场补时阶段头球顶入绝杀将总比分扳平。在决赛巴萨对阵本菲卡的比赛中，当时即将年满 32 岁的柯奇士在第 20 分钟接到苏亚雷斯在右路的传中球门前头球抢点成功，帮助球队打破僵局，由于巴萨门将的多次低级失误，最终以 2 比 3 输掉了欧冠决赛，使柯奇士抱憾终身。

1961/1962 赛季，柯奇士 20 场打进 17 个联赛进球，博览会杯决赛对瓦伦西亚的第一回合柯奇士也神勇地"梅开二度"，可是由于球队整体表现欠佳，最终被对手以 6 比 2 的大比分击败。

1963/1964 赛季，柯奇士已经是 35 岁高龄，速度、敏捷性均已远不及巅峰时期，不过在联赛进行到中段时，他的状态却十分神勇，连续 8 次出场均有进球，使巴萨牢牢占据着积分榜榜首位置。但是在联赛进行到赛季末的冲刺阶段时，柯奇士却开始显得力不从心，5 次出场只有 1 球入账，状态下滑明显，最终巴萨被皇马反超夺冠。

1965 年柯奇士正式退役，由于欠缺生活经济来源以及作为流亡者缺乏应有的社会保障，退役后的柯奇士逐渐陷入贫困，在因病遭受了截肢之痛后，又不幸患上了癌症，不堪忍受这一切的柯奇士在 1979 年 7 月 22 日这天从医院跳楼自杀，年仅 50 岁。2012 年 9 月由巴萨主席罗塞尔亲自护送这位伟大巨星的骨灰回到匈牙利举行国葬。

● 中文名：桑多尔·柯奇士
● 外文名：Sándor Peter Kocsis
● 国籍：匈牙利
● 出生地：布达佩斯
● 出生日期：1929 年 9 月 21 日
● 身高：1.77 米　● 场上位置：中锋
● 主要荣耀：1 次世界杯金靴奖、3 次匈牙利联赛金靴奖、2 次西甲联赛冠军、2 次国王杯冠军、4 次匈牙利联赛冠军、1 次国际城市博览会杯冠军、1 次世界杯亚军、1 次奥运会冠军

红蓝之血
卡雷斯·雷克萨奇
Carles Rexach

● 1966—1981 年代表巴萨出场 449 次进 122 球

雷克萨奇几乎将自己的一生都奉献给了巴萨。12 岁的时候他就加入了巴塞罗那俱乐部少年队。1965 年他第一次为巴萨出场，年仅 18 岁。

从 1966 年到 1981 年，雷克萨奇为巴萨整整效力了 15 个赛季，参加了 449 场比赛，打入 122 球。1981 年对阿根廷的比赛成了他的告别赛，他得到了诺坎普球场的球迷长时间的发自内心的掌声。2001 年 4 月教练费雷尔被解职以后，他第三次成为巴萨的主教练，可惜在 2002 年由于成绩不佳而被解职。

2000 年 9 月，梅西第一次来到了拉玛西亚。这个身材比同龄人矮了一头多的小家伙一口气打进了 5 粒进球，让所有教练瞠目结舌。15 天的试训结束后，梅西被告知可以留下来。拍板人正是时任巴萨主帅的雷克萨奇。直到今天，他依然对自己的决定感到自豪。

雷克萨奇的位置是边锋，因此他能出现在巴萨百球殿堂榜单里实属不易，1965 年雷克萨奇在对桑坦德竞技的比赛中完成处子秀并打进了处子球。1981 年退役后，他进入了巴萨技术部门工作，一开始是负责足球的常务工作，接着先后在阿拉贡内斯和克鲁伊夫手下担任副手的职位。而在 2001/2002 赛季，则从技术部总经理的位置变成了巴萨的主教练。

● 中文名：卡雷斯·雷克萨奇
● 外文名：Carles Rexach
● 国籍：西班牙
● 出生地：巴塞罗那
● 出生日期：1947 年 1 月 13 日
● 身高：1.81 米　● 场上位置：边锋
● 主要荣耀：1 次西甲联赛冠军、4 次国王杯冠军、2 次欧洲联盟杯冠军、1 次欧洲优胜者杯冠军

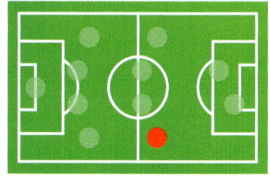

泰山
米盖利·贝尔纳
Miguel Bernardo Bianquetti

● 1973—1988 年代表巴萨出场 548 次进 27 球

米盖利是球队历史上最优秀的中后卫之一，在他的名字后面永远会被标记上这样一个数据：664 场。这是米盖利代表球队出场的次数（其中正式比赛为 548 场），至今无人能够打破。

米盖利由前巴萨球星及教练多米尼克·巴尔曼尼亚推荐入队，在他加盟的 1973/1974 赛季并没有急于穿上红蓝战袍，而是披上绿装完成了自己的军旅生涯（服兵役）。直到接下来的赛季，巴萨的新"3 号"才开始了自己在诺坎普的战斗生涯，他迅速在球队站稳了主力位置，并且这一站就是 15 年（仅仅在 1981/1982 赛季坐了一年的板凳）。

米盖利是天生的硬汉，在 1979 年欧洲优胜者杯决赛上，尽管锁骨受伤，但他仍然坚持比赛。他是一个真正勇敢的、技术全面的、坚持不懈的球员，有着惊人的弹跳力和不俗的头球功夫，无论在进攻和防守上都能完成得非常出色，他是巴萨真正的传奇。

● 中文名：米盖利·贝尔纳
● 外文名：Miguel Bernardo Bianquetti
● 国籍：西班牙
● 出生地：休达
● 出生日期：1951 年 12 月 19 日
● 身高：1.83 米　● 场上位置：中后卫
● 主要荣耀：2 次西班牙足球先生、2 次西甲联赛冠军、4 次国王杯冠军、1 次西班牙超级杯冠军、2 次欧洲优胜者杯冠军

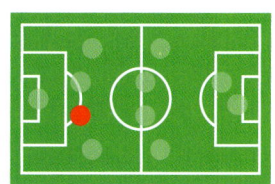

梦幻巴萨珍藏图纪 · 心若红蓝
Fútbol Club Barcelona

NO.06 SUPER STAR
荷兰飞人
约翰·克鲁伊夫
Johan Cruyff

● 1973—1978 年代表巴萨出场 143 次进 48 球

如今巴萨在世界足坛一枝独秀，寂寞求败，华丽的全攻全守与细腻的拉丁技术风格完美结合，正是这种风格引领着西班牙连续捧得"大力神杯"及"德劳内杯"……而这份至尊荣耀的背后有一个橙色的身影，那就是将全攻全守带到巴萨的"荷兰教父"——克鲁伊夫。

谁是欧洲足球史上最出色的球员？虽然贝肯鲍尔赢得过一切荣誉，但很多人认为，最出色的是克鲁伊夫。

优雅灵动的克鲁伊夫，是波澜壮阔的橙色交响乐——最为惊艳的开篇乐章，自他横空出世后，伟大的荷兰足球异彩纷呈，英雄辈出。

克鲁伊夫是荷兰技术流足球的化身，全攻全守足球的开山鼻祖，他为国家队出赛48场，共打入33个入球。

如此一位开山立派的一代宗师，年少时期却是一位弱不禁风的少年。

少年时代的克鲁伊夫骨瘦如柴，身体虚弱，尤其是双腿瘦得像两根火柴棍，但可喜的是他动作灵巧，痴迷足球，从少年时代始，克鲁伊夫就把他的目光锁定在一件事情上：成为一名职业足球运动员。

作为荷兰足球最令人畏惧的球队——阿贾克斯的一面旗帜，克鲁伊夫拥有出众的平衡、超凡的速度和惊人的控球能力，而更让人惊叹的是他的意识和视野，全攻全守在他的驾驭下迸发出"移形换影"的神奇魔力。

然而如此伟大的球员必然应在一个更伟大的平台展示自己，于是1973年8月22日，克鲁伊夫和巴萨签约，开启了他与诺坎普长达数十年的情缘。

在巴萨踢球的那段光辉岁月里，克鲁伊夫成为巴萨的救世主，他不仅率领球队夺得阔别13年之久的西甲冠军，更在"国家德比"战中，将皇马打了个5比0，送给宿敌最大输球纪录……

虽然克鲁伊夫作为球员只效力巴萨4年，但他把华丽的全攻全守足球带到这里，而时隔多年以后，克鲁伊夫又作为主教练入主巴萨，并建立了另一支风格鲜明的欧洲顶级球队，赢得了欧洲冠军杯、欧洲优胜者杯、西班牙国王杯和连续四次的西甲联赛冠军（1991—1994年），当时这支队伍在欧洲被称为"梦之队"。

● **中文名**：约翰·克鲁伊夫
● **外文名**：Johan Cruyff
● **国籍**：荷兰　● **出生地**：阿姆斯特丹
● **出生日期**：1947年4月25日
● **身高**：1.78米　● **场上位置**：前腰、前锋
● **主要荣耀**：3次欧洲金球奖、3次荷兰足球先生、1次荷兰年度最佳球员、1次世界杯最佳球员、2次西甲最佳外籍球员、1次20世纪荷兰最伟大球员、1次劳伦斯终身成就奖、1次西伦联赛冠军、1次国王杯冠军、9次荷甲联赛冠军、6次荷兰杯冠军、3次欧洲冠军杯冠军、1次欧洲超级杯冠军、1次洲际杯冠军、1次世界杯亚军、1次欧洲杯季军

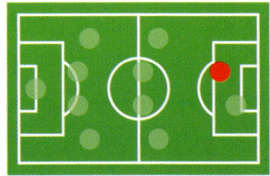

34

影子杀手
约翰·内斯肯斯
Johan Neeskens

● 1974—1979 年代表巴萨出场 140 次进 35 球

内斯肯斯出生于 1951 年 9 月 15 日，小时候在踢足球的同时还打棒球，14 岁辍学后，他加入了荷兰的 RCH 队。内斯肯斯的足球生涯正式开始于 16 岁，那一年他和阿贾克斯签约，成为克鲁伊夫的队友，由此开始了"克鲁伊夫影子"的生涯。

在同切尔西的一场热身赛后，年轻的内斯肯斯直接进入了一线队，而此前他的计划只是两年里争取实现这一目标。在阿贾克斯的 4 年里，内斯肯斯随队获得 2 次联赛冠军 (1972、1973)、2 次杯赛冠军 (1971、1972) 和 3 次欧洲冠军杯 (1971—1973)，他是那支伟大的阿贾克斯队中，和克鲁伊夫等量级的球员。

在阿贾克斯效力 4 年后，内斯肯斯于 1974 年转会巴萨，在那里又和克鲁伊夫成为队友。在巴萨，他获得了 1 次国王杯冠军和 1 次欧洲优胜者杯冠军，

还成为第一个获得西班牙年度足球先生的外籍球员。在巴萨 (1974/1975 至 1978/1979) 的 5 个赛季中，内斯肯斯参赛 141 场，打进 35 球。

对于内斯肯斯来讲，1974 年的世界杯决赛是他一生最难忘的。那是荷兰足球历史上最辉煌的时刻，米歇尔斯全攻全守足球风格的巅峰，正是由克鲁伊夫和内斯肯斯联袂演绎的。与联邦德国队的决赛开场不久，克鲁伊夫带球突破获得点球，内斯肯斯操刀主罚一蹴而就。当联邦德国队将比分改写为 2 比 1 后，内斯肯斯曾有过一次门前凌空的绝好机会，但联邦德国队门将迈耶奋力将球扑出，这也许是内斯肯斯国家队生涯中最遗憾的一刻，在那届世界杯中，内斯肯斯参赛 7 场，打进 5 球。

1978 年，克鲁伊夫缺席阿根廷世界杯，内斯肯斯则继续参赛，虽然帮助球队打进了决赛，但内斯肯斯和荷兰队都已无力为继，1 比 3 输给了东道主阿根廷。在荷兰国家队，内斯肯斯共参赛 49 场，打进 17 球。

内斯肯斯是上帝的宠儿，上帝赋予他的才华太多太多。他的突破能力、他的创造力、他的得分能力，均超越了同时代的球员。尽管内斯肯斯以"中场发动机"著称，但他同时又是极出色的右后卫、中场和中锋。内斯肯斯身体强壮，富于进取精神。这位足球名将还擅长打网球、棒球和篮球，他甚至还常常客串守门员一职。

- **中文名**：约翰·内斯肯斯
- **外文名**：Johan Neeskens
- **国籍**：荷兰
- **出生地**：海姆斯泰德
- **出生日期**：1951 年 9 月 15 日
- **身高**：1.78 米 **场上位置**：中场、右后卫、前锋
- **主要荣耀**：1 次国王杯冠军、2 次荷甲联赛冠军、2 次荷兰杯冠军、1 次欧洲优胜者杯冠军、1 次欧洲超级杯冠军、1 次洲际杯冠军、1 次世界杯亚军、1 次欧洲杯季军

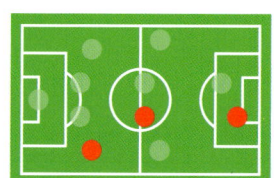

梦幻巴萨珍藏图纪 ●心若红蓝
Fútbol Club Barcelona

球王
迭戈·马拉多纳
Diego Maradona

● 1982—1984 年代表巴萨出场 58 次进 38 球

天才与魔鬼的结合体，桀骜不驯、狂放不羁、我行我素、霸气天成……

1.68 米的马拉多纳有着身材高大者穷其一生也无法企及的高度，与生俱来的王者之气令他成为绿茵场上的拿破仑。

他是足球史上最富传奇色彩的球王，赞美与争议并存，从少年时代就是镁光灯关注的焦点，他的人生一直被详细记载如传奇。

他的拥护者用"诚实"和"拒绝背叛"为他辩解，而他的批评者也不乏贬低他的诸般素材：他曾用气枪朝记者射击，还在电视节目上辱骂教皇……他总能让人既爱又恨。然而在球场上，马拉多纳是不折不扣的王者……作为足球史上最优秀亦是最具争议的球员，马拉多纳注定是足球场上的"上帝"。1986 年马拉多纳凭借自己的杰出表现率领阿根廷队第二次获得世界杯冠军。期间对阵英格兰队时连过 5 人打进一球，此球被认为是足球史上最漂亮的进球。

马拉多纳可以踢前场任何位置，其盘带技术和突破能力让世人为之惊叹，射门手段多样，得分能力超强。因为马拉多纳重心低、动作敏捷以及身体力量非常强韧，使得他在盘球时不论对手如何抢逼都很难从他脚下断到球，他那简直像把球吸附在脚上一般的控球，令人无不击节赞叹。

此外，马拉多纳踢球的精确度也是非常高，从他的左脚诞生的射门、任意球、传球往往不论速度、时机、轨道都堪称绝妙。

马拉多纳于 1960 年 10 月 30 日出生在阿根廷首都布宜诺斯艾利斯的一个贫困家庭。11 岁时在阿根廷青年人俱乐部少年队的马拉多纳已经是全国闻名的足球神童。1977 年 2 月 27 日，只有 16 岁的马拉多纳首次代表阿根廷成年国家队出场。18 岁时他带领阿根廷夺得 21 岁以下世界青年锦标赛冠军，并获得赛事的最佳球员奖。

然而年少成名的马拉多纳并非一帆风顺，1982 年世界杯上一个不冷静的蹬踏，让他结束了第一次世界杯之旅。1986 年巅峰登顶，1990 年功亏一篑，1994 年因误服麻黄碱而退赛……马拉多纳的世界杯并非完美无缺。但正是这种充满遗憾而又饱含荣耀的复杂味道，让马拉多纳成为阿根廷人们心中那个永远的神……除了国家队，马拉多纳的俱乐部生涯亦是相当辉煌。

1982 年马拉多纳以当时创纪录的 900 万美元天价加盟巴萨。在此之前，世界转会费纪录只有 300 万美元。虽然 900 万美元确实很昂贵，但马拉多纳是无价的。

在诺坎普球场，马拉多纳迅速成为人们关注的中心，他的技巧、他的进球，他的一切。很多人说，马拉多纳带着球能做的，是别人无法复制的。

效力巴萨的两年期间，马拉多纳成了皇马克星，头一年与皇马 4 次交锋，其中 3 场他各进 1 球，联赛 2 比 1 打进致胜球，国王杯两回合 2 比 2、2 比 1 淘汰皇马，马拉多纳 2 场分别攻入 1 球。第二年，在联赛中巴萨在对手主场伯纳乌以 2 比 1 击败皇马，马拉多纳更

●中文名：迭戈·马拉多纳
●外文名：Diego Maradona
●国籍：阿根廷 ●出生地：布宜诺斯艾利斯
●出生日期：1960 年 10 月 30 日 ●身高：1.68 米 ●场上位置：前腰、二前锋
●主要荣耀：1 次世界足球先生、1 次年度世界最佳足球运动员奖、1 次 20 世纪世界足球最伟大球员奖、2 次南美足球先生、4 次南美最佳球员、1 次世界杯金球奖、1 次意甲足球先生、5 次阿甲联赛最佳射手、1 次意甲联赛最佳射手、1 次西甲联赛冠军、1 次国王杯冠军、1 次西班牙超级杯冠军、2 次意甲联赛冠军、1 次意大利杯冠军、1 次意大利超级杯冠军、1 次欧洲联盟杯冠军、1 次阿甲联赛冠军、1 次世界杯冠军

36

是攻入制胜球。

他1983年带领巴萨击败皇家马德里夺得西班牙国王杯，伯纳乌历史上第一次为一个巴萨球员响起了掌声。这一年，马拉多纳还帮助巴萨拿到了西班牙联赛杯和西班牙超级杯，虽然在效力巴萨期间马拉多纳上阵58场入38球，但他在巴塞罗那却因为伤病和私生活的不检点，也招致了巴萨主席的不满，这也成为马拉多纳离开巴萨的导火索……

1984年，当时还负债的那不勒斯俱乐部做出了一个疯狂的决定，他们通过风险投资融资750万美元，将马拉多纳招入麾下……

一个伟大的球队未能留住伟大的球星不能不说是一种遗憾，但马拉多纳为巴萨效力短短两年时间还是留下深刻的印迹。

特别链接：上帝之手

在1986年的墨西哥世界杯上，马拉多纳用手把球攻入了英格兰队的球门，这就是著名的"上帝之手"事件。

在阿根廷与英格兰的1/4决赛中，马拉多纳先是将球分给边路的队友巴尔达诺，后者的射门被英格兰后卫霍奇挡出，此时，虽然马拉多纳抢到了第一点，但面对人高马大的希尔顿，他想头球攻门难度极大，最终，他选择了用手将球打入球门，由于他的个子矮小，动作也十分隐蔽，突尼斯主裁判纳塞尔没有发现，并判此球有效，希尔顿和他的队友虽然极力争辩，但结局却无法改变，凭借此球领先后，马拉多纳随后又打入一记完美的入球，帮助球队最终2比1获胜。

由于四年前的马尔维纳斯群岛战争，最初马拉多纳对那记手球并没有悔改之意，而是认为这是上帝对英格兰人的惩罚。赛后，他更自称这个进球是"一半是上帝之手，一半是迭戈的脑袋"，这让阿根廷和英格兰在足坛的恩怨进一步加剧。

足球浪子
伯恩德·舒斯特尔
Bernd Schuster

● 1980—1988 年代表巴萨出场 238 次进 87 球

舒斯特尔是以"足球浪子"的形象出现在世界足坛的。他有着出色的足球天赋，良好的足球技术与意识，可是他个性倔强，脾气暴躁，性格古怪，独来独往，这既使得他失去了许多扬名国际赛场的好机会，也使得1984年后联邦德国国家队始终无法出现他的身影，他的职业生涯可以用"反叛"两字来形容。

1978年，18岁的舒斯特尔在科隆开始了他的职业生涯。他是1980年欧洲杯上联邦德国国家队的成员，在联邦德国队参加的四场比赛中他出场两次，他的表现也帮助他获得了赛事的银球奖，仅次于拿到金球奖的队友鲁梅尼格。

舒斯特尔传奇般地担任过巴塞罗那队和皇家马德里队这两大宿敌的双料核心队长。职业生涯中舒斯特尔共代表联邦德国国家队出场21次，打进了4粒进球，然而由于他不断地与国家队的其他队友发生冲突，使得他在1984年就结束了自己的国脚生涯。

在世界足坛，人们无一例外地认为舒斯特尔是一位标准的组织进攻型中场，也就是今天人们说的前腰，主要例证就是1980年欧洲杯上他表现出杰出的组织才华，尤其是半决赛3比2击败荷兰、决赛2比1击败当年的"欧洲红魔"比利时时的那4次一个比一个精妙绝伦的助攻，被意大利媒体《米兰体育报》形容为"当他跑动时，似乎大地都自动地为他让开了道路"。

舒斯特尔是一位在20世纪80年代能够与济科、普拉蒂尼、马拉多纳相提并论的中场组织者。欧足联成立50周年时曾评选过去50年欧洲最出色的球员，舒斯特尔位列第40位。

在德国，人们又认为舒斯特尔是个自由人。据统计，贝肯鲍尔退役后，德国队先后有27个人打过自由人的位置。舒斯特尔在德国自由人排名中居第四，仅仅落后于赫内斯、福格茨和邦霍夫。纵使是贝肯鲍尔也只是在二十六七岁时才敢打这个位置，舒斯特尔19岁就开始尝试了。

舒斯特尔是20世纪80年代巴萨的重要球员，薪资仅次于球王马拉多纳。作为球队的中场中枢同时也有多球入账。那时的球队中还有阿伦·西蒙森和连尼加这样的一流球星，但只有伯恩德在球队中颇受争议，他和俱乐部主席约瑟夫·路易斯·努涅斯以及其他一些教练员，比如赫拉尼奥·赫雷拉、乌多·拉特克、维纳布尔斯和路易斯·阿拉贡内斯的关系都比较紧张。

1981年，巴萨和毕尔巴鄂竞技的比赛中，年仅21岁的舒斯特尔被对方的安东尼·戈伊科гу亚铲伤右腿膝盖，这也影响了他成为世界一流球员的可能，之后不论他有着多么出色的表现都无法达到赛季初的竞技水平了。但是他还是在1981年和1985年夺得了欧洲铜靴奖。

舒斯特尔在巴萨如日中天，很快，他发现自己的地位变了，因为马拉多纳来了。马拉多纳带着世界第一身价的名号加盟巴萨，加上后来梅诺蒂的入主，舒斯特尔的角色被边缘化。

可是，"阿根廷帮"失算了，马拉多纳的到来并没有带来冠军，主帅梅诺蒂说"我们会以10分的优势夺冠"的话最终成为笑柄。

1982/1983赛季，巴萨只获得国王杯，而且在决赛中，舒斯特尔无论表现还是所起作用，都比马拉多纳强。

1983/1984赛季，马拉多纳转会那不勒斯，巴萨终于确立了舒斯特尔的核心地位。巴萨在联赛里势如破竹提前一个月夺冠，这是11年后巴萨重新夺得联赛冠军，重要的是巴萨在联赛中分别以3比0和3比2双杀皇马。舒斯特尔被誉为库巴拉、路易斯·苏亚雷斯和克鲁伊夫之后又一个"真正的巴萨主人"。

● 中文名：伯恩德·舒斯特尔
● 外文名：Bernd Schuster
● 国籍：德国
● 出生地：奥格斯堡
● 出生日期：1959 年 12 月 22 日
● 身高：1.81 米　● 场上位置：中场
● 主要荣耀：1次欧洲银球奖、3次西甲联赛冠军、6次国王杯冠军、2次西班牙超级杯冠军、2次欧洲优胜者杯冠军、1次欧洲杯冠军

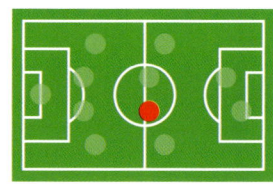

NO.10 SUPER STAR
玉面杀手
加里·莱因克尔
Gary Winston Lineker

● 1986—1989 年代表巴萨出场 138 次进 52 球

俊朗的外表、低调的性格、敏锐的嗅觉、高超的射术结合在一起，让莱因克尔成为万千球迷的偶像，"玉面杀手"的称号绝对当之无愧。可能有很多球迷认为莱因克尔的踢球方式缺乏激情，那绝对是一种误读，要知道莱因克尔纵横绿茵场的年代，正是技术超越身体、崇尚进攻抵制防守的年代，莱因克尔能用朴实无华的动作和果断干练的射门立足赛场，绝对是个人实力的完美体现。

莱因克尔代表英格兰出赛 80 场，打进 48 球，仅比博比·查尔顿少一球。加上连续两届世界杯都有精彩表现，奠定了莱因克尔"玉面杀手"的地位。

1986 年世界杯后，他加盟了西甲豪门巴萨。当时球队主帅正是英格兰人维纳布尔斯，他对莱因克尔格外看重，当然莱因克尔也没有辜负恩师的栽培与信任，亮相巴萨的首秀便"梅开二度"。1986/1987 赛季与皇马的"国家德比"，莱因克尔上演"帽子戏法"，帮助巴萨3比2力克皇马。第二循环再战，莱因克尔再进一球，帮助巴萨双杀皇马。此后雷克萨奇接任巴萨主帅，成了改变莱因克尔命运的关键转折点，他让英格兰人踢并不擅长的右路，之后克鲁伊夫接任依然如法炮制。最终在 1989 年，莱因克尔接受恩师维纳布尔斯召唤，重返英格兰加盟热刺，但他在巴萨三个赛季书写的经典，让球迷永难忘记。

● 中文名： 加里·莱因克尔
● 外文名： Gary Winston Lineker
● 国籍： 英格兰
● 出生地： 莱切斯特
● 出生日期： 1960 年 11 月 30 日
● 身高： 1.77 米　● 场上位置： 前锋
● 主要荣耀： 2 次英格兰足球先生奖、3 次英甲联赛金靴奖、1 次世界杯金靴奖、1 次国王杯冠军、1 次足总杯冠军、1 次欧洲优胜者杯冠军

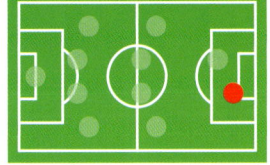

NO.11 SUPER STAR
传奇门神
安东尼·苏比萨雷塔
Andoni Zubizarreta

● 1986—1994 年代表巴萨出场 410 次

门将的一次失误足以毁掉他的职业生涯，相信很多球迷不会忘记，西班牙传奇门神苏比萨雷塔在 1998 年世界杯同尼日利亚比赛时那记"黄油手"，几乎将他在巴萨的功绩全部抹杀。正是那次致命的尴尬失误，让苏比萨雷塔陷入迷茫和无助，不得不提前结束自己的职业生涯。

苏比萨雷塔是巴萨的传奇队长，他在比赛中通过顽强的扑救、冷静的指挥，来感染身边的队友。他在巴萨效力的八年间，尽管出击稍显迟钝，但他准确的位置判断以及出色的平衡能力，给球迷们留下了深刻的印象。

巴萨能在 1992 年夺得球队历史上第一个欧洲冠军杯冠军，表面上看是科曼的进球立下头功，但实际上苏比萨雷塔的左扑右挡也是巴萨取胜的保证。

苏比萨雷塔在巴萨拿到了欧洲冠军杯和欧洲优胜者杯，并随克鲁伊夫连续四年获得西甲冠军。

退役后的苏比萨雷塔仍然没有离开巴萨，在俱乐部担任体育总监一职，负责球队的球员转会、续约等工作。

● 中文名： 安东尼·苏比萨雷塔
● 外文名： Andoni Zubizarreta
● 国籍： 西班牙　● 出生地： 维多利亚
● 出生日期： 1961 年 10 月 23 日
● 身高： 1.87 米　● 场上位置： 守门员
● 主要荣耀： 1 次萨莫拉奖、6 次西甲联赛冠军、3 次国王杯冠军、3 次西班牙超级杯冠军、1 次欧洲冠军杯冠军、1 次欧洲优胜者杯冠军、1 次欧洲超级杯冠军

梦幻巴萨珍藏图纪 ●心若红蓝
Fútbol Club Barcelona

全能大师
米歇尔·劳德鲁普
Michael Laudrup

● 1989—1994 年代表巴萨出场 216 次进 55 球

效力巴萨 5 个赛季，联赛出场 167 次，进球 38 个。米歇尔·劳德鲁普是球场上的艺术家，以优雅的足球风格和出神入化的传球著称于世。他全能而又高效的风格独步江湖，曾在多个位置被委以重任，米歇尔拥有完美的盘控球技术和变换运动节奏的能力，是一对一的大师。

1989 年，米歇尔·劳德鲁普加盟巴萨，当时他的恩师是克鲁伊夫，克鲁伊夫倡导全攻全守的踢法，而大劳德鲁普的优雅的足球风格和出神入化的传球正好在巴萨派上用场。尽管射门不是米歇尔的强项，但他完美的盘带和神出鬼没的传球还是让全队受益匪浅。

大劳德鲁普在巴萨能胜任多个位置，左边锋、影子中锋、左前卫、前腰他都打过，而且没有任何生疏感，在哪个位置他都能很好地完成教练交给的任务。而且大劳德鲁普最狠的一个杀招就是不看人传球，在盘带过程中，本来他的注意力集中在左边，但他其实早已经洞察出右边插上的队友，突然传出隐蔽性极强的球来撕开对手的防线，证明了自己广阔的视野。

当时巴萨的三大外援，科曼踢任意球、斯托伊奇科夫摧城拔寨，只有米歇尔·劳德鲁普甘愿为他人作嫁衣，但正是有他这片绿叶的存在，才帮助巴萨连续四个赛季夺得西甲冠军，开创了巴萨的王朝时代。1994 年欧洲冠军杯决赛，巴萨以 0 比 4 惨败于 AC 米兰，大劳德鲁普不满克鲁伊夫的轮换制度，转而投奔巴萨宿敌皇马，并率领皇马翻身"解放"。之后，菲戈如法炮制，也走上了与米歇尔·劳德鲁普相同的道路。

退役后的劳德鲁普出任过丹麦国家队的助理教练，其后在国内执教布隆德比，获得了两次丹麦年度最佳教练奖。

在 2013 年 2 月 24 日，劳德鲁普率领英超小球队斯旺西夺得英格兰联赛杯冠军，劳德鲁普异常激动："这是我赢得的最重要的奖杯。"劳德鲁普还说："你会在一些大俱乐部赢得奖杯，而小球队则很难进入决赛。这样的胜利更显得珍贵。"

●中文名： 米歇尔·劳德鲁普
●外文名： Michael Laudrup
●国籍： 丹麦 ●出生地： 哥本哈根
●出生日期： 1964 年 6 月 15 日
●身高： 1.83 米 ●场上位置： 中场、前腰
●主要荣耀： 2 次丹麦足球先生、1 次西班牙 25 年最佳外援奖、5 次西甲联赛冠军、1 次国王杯冠军、2 次西班牙超级杯冠军、1 次意甲联赛冠军、1 次荷甲联赛冠军、1 次荷兰杯冠军、1 次欧洲冠军杯冠军、1 次欧洲超级杯冠军、1 次丰田杯冠军、1 次联合会杯冠军

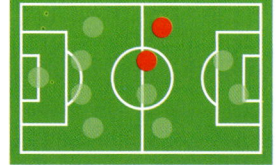

梦幻星河
Dream Galaxy

重炮手
罗纳德·科曼
Ronald Koeman

● 1989—1995 年代表巴萨出场 264 次进 88 球

1992 年欧洲冠军杯决赛赛场，巴萨与桑普多利亚战到第 68 分钟，比分仍然是 0 比 0。此时巴萨获得一个 25 米开外的任意球，罗纳德·科曼站了出来，一脚世界波，球如炮弹一般飞进球门，巴萨凭此球取胜，并获得了历史上的第一座欧洲冠军杯奖杯，科曼也成为第一个帮助两个不同的俱乐部夺得欧洲冠军杯的球员。

任意球，一般都是中场球员的专利，科曼作为一名中后卫，却也练出百步穿杨的绝技，可谓难能可贵。1989 年加盟巴萨之后，他就是后防线的核心球员，无论是卡位、铲抢，还是头球解围，他几乎没有防守的短板。而在进攻端，他经常可以策划出快速反击，开阔的视野让科曼可以充分调动全队的进攻，长传球如同手术刀一般精准。一旦对手选择用犯规战术瓦解巴萨的快攻，科曼的任意球功夫就可以得到充分施展。刚加盟巴萨的首个赛季，科曼展现出极强的助攻意识和任意球破门得分能力，并多次射进决定胜负的进球，尽显任意球大师的本色。

科曼的性格很好，从不张扬，在球队内讧的时候，他总是调解矛盾的人，赢得了队友和球迷的尊重。1995 年，科曼选择离开巴萨，回到费耶诺德，继续发挥余热。那些年科曼带给我们的任意球经典，只能成为脑海中不可磨灭的回忆。

退役后的科曼曾在巴萨做助教。在 2000 年 1 月成为荷甲维特斯队主教练。2001 年 12 月，出任荷甲劲旅阿贾克斯主帅，并且率队获得 2002 年、2004 年荷甲冠军和 2002 年荷兰杯冠军。

2005 年 6 月 8 日，科曼接替特拉帕托尼成为葡超本菲卡主帅，并且率队夺得了葡萄牙超级杯冠军。2006 年 5 月，他接过埃因霍温的教鞭，并且率队夺得了当赛季荷甲冠军。2007 年 11 月成为西班牙瓦伦西亚队主教练。

科曼是欧冠联赛中唯一一名在 5 年中率领 3 支不同欧洲二流联赛球队（阿贾克斯、本菲卡、埃因霍温）闯入 8 强的主帅。现如今科曼执教英超老牌球队南安普敦。

●中文名：罗纳德·科曼
●外文名：Ronald Koeman
●国籍：荷兰
●出生地：萨达姆市
●出生日期：1963 年 3 月 21 日
●身高：1.81 米　●场上位置：后卫、中场
●主要荣耀：2 次荷兰年度最佳球员奖、1 次欧冠金靴奖、4 次西甲联赛冠军、1 次国王杯冠军、3 次西班牙超级杯冠军、4 次荷甲联赛冠军、3 次荷兰杯冠军、2 次欧洲冠军杯冠军、1 次欧洲超级杯冠军、1 次欧洲杯冠军

41

NO.14 SUPER STAR

霹雳火
赫里斯托·斯托伊奇科夫
Hristo Stoichkov

● 1990—1995年、1996—1998年代表巴萨出场254次进118球

历史上的左脚球员都很有个性，在平时的训练和比赛中喜欢特立独行，斯托伊奇科夫的左脚非常有杀伤力，经常会射进匪夷所思的进球。当然，跟他左脚功夫一样火爆的还有他的脾气，有时候全队甚至因他头脑发热，动起手来，而出现非战斗性减员。

千里马常有，伯乐不常在。如果没有伯乐克鲁伊夫慧眼识英才，斯托伊奇科夫绝对不会从莫斯科中央陆军转会到巴萨，享受众星捧月般的优待。

保加利亚在欧洲足坛的地位并不高，斯托伊奇科夫能很快在豪门巴萨立足，靠的不是帮派，而完全凭借自身的强劲实力。

斯托伊奇科夫的左脚充满想象力，既能传出好球，又能自己射门，而任意球更是他的招牌菜，经常踢出刁、狠、准的三部曲，让西甲诸强望而生畏。

从1991年到1994年，斯托伊奇科夫帮助巴萨连续四年称雄西甲，在这四年里，克鲁伊夫完全以斯托伊奇科夫为轴心，构建着巴萨的攻击体系。

"4-5-1"阵形中，斯托伊奇科夫一人作为突前箭头，不管是初期的大劳德鲁普、瓜迪奥拉，还是后来的哈吉、普罗辛内斯基，都不曾享受无限开火权。只有锋线上的斯托伊奇科夫，既可以挥霍源源不断输送来的炮弹，又可以享受主罚任意球的特权。

1992年夏天，斯托伊奇科夫率领巴萨击败桑普多利亚，获得球队历史上首个欧洲冠军联赛的桂冠，斯托伊奇科夫是球队的最佳，他的左脚利刃让诸多对手闻风丧胆。

1994年，率领保加利亚在美国世界杯杀进四强之后，斯托伊奇科夫因与恩师克鲁伊夫发生冲突，选择登陆亚平宁，去寻找新的挑战。

在帕尔马的第一个赛季，斯托伊奇科夫的表现并不出彩，出场23次仅进5球，被打上了"水土不服"的烙印。

无奈之下，斯托伊奇科夫选择吃"回头草"，重返巴萨，在新任主帅罗布森的帐下继续为巴萨效力。

回归的首个赛季，他便率领巴萨夺得西班牙杯赛冠军和欧洲优胜者杯赛冠军。但随着范加尔入主巴萨，将帅不和变得异常明显，由于范加尔更加信任"荷兰帮"，他最终只能选择离开。

- ●中文名：赫里斯托·斯托伊奇科夫
- ●外文名：Hristo Stoichkov
- ●国籍：保加利亚　●出生地：普罗夫迪夫
- ●出生日期：1966年2月8日
- ●身高：1.78米　●场上位置：前锋
- ●主要荣誉：1次欧洲足球先生、5次保加利亚足球先生、1次欧洲金靴奖、1次世界杯金靴奖、1次欧洲优胜者杯金靴奖、2次保加利亚联赛金靴奖、5次西甲联赛冠军、1次国王杯冠军、3次西班牙超级杯冠军、3次保加利亚联赛冠军、4次保加利亚杯冠军、1次保加利亚超级杯冠军、1次欧洲冠军杯冠军、1次欧洲优胜者杯冠军、1次欧洲超级杯冠军

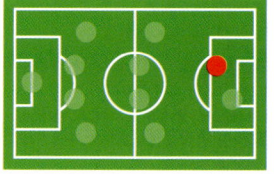

巴萨国王
何塞普·瓜迪奥拉
Josep Guardiola Sala

● 1990—2001年代表巴萨出场366次进12球

不管是作为球员，还是作为主教练，瓜迪奥拉都取得了让人难以置信的成就，他就像自己的恩师克鲁伊夫一样，拥有辉煌的球员生涯和教练生涯。并且在他治下的巴萨，踢出了世界公认的最华丽足球，成为这个时代最动人的印记。他倾心培养了梅西、佩德罗和布斯克茨等球星，并为西班牙足球提供了一个长盛不衰的建队模式，他传承了克鲁伊夫的艺术足球之魂，并在这个时代发扬光大。

当年克鲁伊夫成为巴萨主教练，荷兰人启用了创造性的"3-4-3"阵式展

开了一场革命，也创造了一个全新的足球名词——"4号球员"。克鲁伊夫认为，当时全世界都在踢"4-4-2"阵式，要应付对方两名前锋，用三名后卫就够了！前锋线增添一名球员，同时让一名后场中坚去中场助攻，他给了这个位置的号码是4号。

这个位置看起来对球员的要求很简单，不需要高大强壮的身躯和非常出众的技术，但十分讲求速度，不是球员奔跑的速度，而是思维的速度，"4号球员"必须在接球前已经设计好传球路线，并以最短时间、准确地把足球传给锋线的队友。"4号球员"不需要一直奔跑，但要一直思考，要具备足够的天赋和智慧，开阔的视野，敏捷的思维，专注阅读比赛，控制攻守节奏。

瓜迪奥拉能够把中场梳理得井井有条，同时也能够通过分球为全队制造射门机会。"4号"看似是防守的号码，其实却有着很大的进攻性，这正是其迷人之处。不仅是克鲁伊夫，后来的罗布森、范加尔都很喜欢瓜迪奥拉。

西班牙国家队也照搬巴萨的套路。《马卡报》副主编塞古罗拉是一个铁杆瓜迪奥拉球迷，他这样评价："瓜迪奥拉就是克鲁伊夫技战术思想在球场上的延续。他代表着克鲁伊夫那一套创新的、充满意外的、富有创造力的、观赏性十足的足球理念。此外，他还是加泰罗尼亚本地人，巴塞罗那玛西亚青训营的杰作，一个聪明的家伙。"

1992年，22岁时的瓜迪奥拉首次入选国家队，后来由于伤病和教练选择的原因，他分别缺席了一次欧洲杯和一次世界杯。由于西班牙队在世界大赛上发挥低迷，他仅有一枚含金量不高的奥运会金牌，瓜迪奥拉总共为西班牙国家队出场47次攻入5球。1997年之后，伤病便时常困扰着瓜迪奥拉，1997/1998赛季，他几乎缺席了整个赛季的比赛，也错过了1998年世界杯，直到1998年底才伤愈复出。瓜迪奥拉是巴萨历史上的传奇人物，总共为其效力了17个赛季，其间随球队6夺西甲联赛冠军，并分别在1992年与1997年获得欧洲冠军杯及优胜者杯冠军。此外还赢得了两届西班牙国王杯，两次欧洲超级杯以及四次西班牙超级杯，长期在巴萨担任队长的他被送以"国王"雅号，他曾一度是俱乐部与国家队不可或缺的中场核心。在巴塞罗那足球俱乐部的史上最佳11人阵容中，瓜迪奥拉作为中场核心榜上有名。

2008年瓜迪奥拉接过里杰卡尔德的教鞭，从巴萨B队主教练升职为成年队教练，他像当年恩师克鲁伊夫一样，大刀阔斧地展开了一次改革。巴萨在瓜迪奥拉接手的第一个赛季便完成了史无前例的"三冠王"，2009年，巴萨豪夺六项赛事冠军。伟大的"梦三"王朝开始席卷世界。

2012年4月27日，巴塞罗那俱乐部召开新闻发布会，瓜迪奥拉宣布不与巴塞罗那俱乐部续约，他将在赛季结束后离开。从2008年至2012年四年间，巴萨在瓜迪奥拉的带领下，夺得了13项赛事冠军，开创了前所未有的盛世。

● 中文名：何塞普·瓜迪奥拉
● 外文名：Josep Guardiola Sala
● 国籍：西班牙
● 出生地：桑特佩多
● 出生日期：1971年1月18日
● 身高：1.80米　●场上位置：防守型中场
● 主要荣耀：6次西甲联赛冠军、2次国王杯冠军、4次西班牙超级杯冠军、1次欧洲冠军联赛冠军、2次欧洲优胜者杯冠军、1次欧洲超级杯冠军、1次奥运会冠军

梦幻巴萨珍藏图纪 ●心若红蓝
Fútbol Club Barcelona

NO.16 SUPER STAR
独狼
索乌萨·罗马里奥
Romario de Souza Faria

● 1993—1995年代表巴萨出场65次进39球

罗马里奥的踢法与众不同，表面上看他很懒散，跑动不积极、习惯守株待兔，但只要被他抓住机会，皮球十有八九会飞进对方的球门。所以，罗马里奥得到了"独狼"的绰号，在吃不到猎物的时候很孤独、很忧郁，一旦队友发现空当，及时把球传到他的脚下，他就会变得飞扬跋扈、舍我其谁，给对手一击致命、见血封喉。

在埃因霍温，罗马里奥证明了一个优秀射手的价值，但由于自我约束能力不强，一年内被俱乐部两次禁赛，萌生了转会的想法。1993年，罗马里奥登陆豪门，以400万美元转会巴萨。

在巴萨的首个赛季，罗马里奥便显示出超强的进球能力，首场比赛就上演"帽子戏法"，完全不需要时间来适应西甲的快节奏，连贯的动作一气呵成，靠突破、抢点进球更是他的拿手好戏。赛季结束，罗马里奥以30个进球成为西甲最佳射手，并率领巴萨夺取西甲冠军。

巴萨主帅克鲁伊夫对罗马里奥格外偏爱，甚至对他的自由散漫采取纵容态度，某种程度上也让"独狼"感觉地位上升，骄傲情绪大涨。

当时巴萨正逢与皇马展开"国家德比"，罗马里奥在一次训练结束后，找到克鲁伊夫，表示想回巴西参加狂欢节，要请假8天。对于这种无理的请求，克鲁伊夫开了句玩笑："除非你周日对皇马的比赛上演'帽子戏法'，否则别想离开。"罗马里奥从未签过军令状，很荣幸，他的第一次献给了巴萨，跟皇马的比赛中，"独狼"真的射进三球，赛后罗马里奥连招呼也没打，就赶往机场，弄得克鲁伊夫哑巴吃黄连。

如果说进球是"独狼"的撒手锏，那么散漫就是"独狼"的催泪弹。本来罗马里奥在巴萨风头正劲，但他却在1994年世界杯后擅自延长假期，直到8月才回到巴萨，遭到了俱乐部巨额罚款，这也成为罗马里奥离开巴萨的导火索。1995年1月，"独狼"转会弗拉门戈，结束了在巴萨的职业生涯。

● 中文名：索乌萨·罗马里奥
● 外文名：Romario de Souza Faria
● 国籍：巴西 ● 出生地：里约热内卢
● 出生日期：1966年1月29日
● 身高：1.67米 ● 场上位置：前锋
● 主要荣誉：1次世界足球先生、2次南美足球先生、1次世界杯金球奖、2次美洲杯金靴奖、7次西甲金靴奖、2次欧冠金靴奖、1次西甲联赛冠军、1次西班牙超级杯冠军、3次荷甲联赛冠军、2次荷兰杯冠军、1次荷兰超级杯冠军、2次巴西里约州冠军、1次巴西全国冠军、1次世俱杯冠军、1次世界杯冠军、2次美洲杯冠军、1次联合会杯冠军

44

NO.17 SUPER STAR
左翼小精灵
塞尔吉·巴尔胡安
Sergi Barjuan

● 1993—2002 年代表巴萨出场 382 次进 11 球

巴尔胡安进入拉玛西亚的时候已经 21 岁了，在他还没有在西甲联赛出场的经验时，就被主教练约翰·克鲁伊夫召唤到巴萨一线队，去参加欧洲冠军联赛的小组赛客场对阵加拉塔萨雷的比赛，在当时这是一个相当疯狂的举动。

克鲁伊夫将这名原本打边锋的年轻球员放在左后卫的位置上，这个不起眼的小个子把"全攻全守"的理念诠释得淋漓尽致，从那以后，他成为克鲁伊夫身边的无可争议的第一选择。效力巴萨期间，共赢得了三个联赛冠军，两座国王杯和两个欧洲超级杯冠军。

由于主教练范加尔带来了"荷兰帮"，巴尔胡安得不到信任，只得转会马德里竞技。

2009 年 7 月，巴尔胡安退役后从事了青少年足球市场营销和运行等工作，几年后，巴尔胡安回到巴塞罗那，成为少年队主教练。2015 年 4 月 6 日，巴尔胡安担任阿尔梅利亚俱乐部主帅。

● 中文名：塞尔吉·巴尔胡安
● 外文名：Sergi Barjuan
● 国籍：西班牙
● 出生地：莱斯·弗朗克塞斯
● 出生日期：1971 年 12 月 28 日
● 身高：1.69 米　● 场上位置：左后卫
● 主要荣耀：3 次西甲联赛冠军、2 次国王杯冠军、2 次西班牙超级杯冠军、1 次欧洲优胜者杯冠军、1 次欧洲超级杯冠军

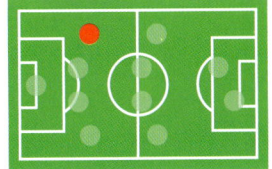

NO.18 SUPER STAR
中场阴谋家
格奥尔基·哈吉
Gheorghe Hagi

● 1994—1996 年代表巴萨出场 51 次进 11 球

罗马尼亚有史以来最伟大的球员，以让人神魂颠倒的左脚而名动天下。

无论是"喀尔巴阡山的马拉多纳"，还是"中场阴谋家"，都不足以说明哈吉的精妙脚法……

他的左脚技术令人叹为观止，1994 年，他从中场左路踢出一记 40 米外的远程吊射，在轰开哥伦比亚大门的同时，也震惊了世界……

1994 年，哈吉加盟巴萨，并且踢了两个赛季，35 场比赛打进 7 球，虽然时间不长，但哈吉还是给巴萨球迷留下很深的印象。

在哈吉的俱乐部生涯中，共参赛 550 场比赛，打进 269 球，对于一名侧重于指挥调度的中场来说，这个数字相当不易。

在哈吉的"武器库"中，定位球和禁区外远射是破门的利器，而精确的传球则常能帮助队友创造机会。

和俱乐部生涯相比，在罗马尼亚国家队，哈吉的表现是真正大师级的，他的出现甚至带动了 20 世纪 90 年代罗马尼亚足球的整体崛起。在罗马尼亚队，哈吉是中场灵魂，他在前锋们身后，用传球实现着刺杀。

1994 年世界杯，哈吉在 5 场比赛中奉献了 4 次助攻，在那届大赛的助攻榜上位列第二。

● 中文名：格奥尔基·哈吉
● 外文名：Gheorghe Hagi
● 国籍：罗马尼亚　● 出生地：康斯坦察
● 出生日期：1965 年 2 月 5 日
● 身高：1.72 米　● 场上位置：攻击型中场
● 主要荣耀：7 次罗马尼亚足球先生、1 次欧冠金靴奖、2 次罗马尼亚联赛金靴奖、1 次西甲联赛冠军、1 次西班牙超级杯冠军、3 次罗马尼亚联赛冠军、2 次罗马尼亚杯冠军、1 次罗马尼亚超级杯冠军、4 次土超联赛冠军、2 次土耳其杯冠军、2 次土耳其超级杯冠军、1 次欧洲联盟杯冠军、1 次欧洲超级杯冠军

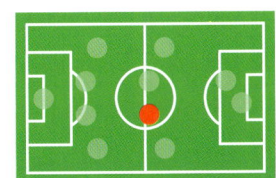

梦幻巴萨珍藏图纪 ●心若红蓝
Fútbol Club Barcelona

NO. 19 SUPER STAR

后防铁卫
阿贝拉多·费尔南德斯
Abelardo Fernández

● 1994—2002 年代表巴萨出场 178 次进 11 球

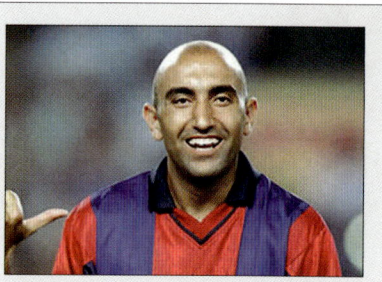

阿贝拉多在 Mareo 足球学校成长。经历了艰难的预备队生涯后，终于在 1989/1990 赛季大放异彩。他在西班牙队中的表现优异，赢得巴塞罗那奥运会的冠军。

"梦之队"时期巴萨的主教练克鲁伊夫有个特点，那就是他所引进的中后场球员作风都十分硬朗，在球场上很有战斗精神，比如纳达尔、戈耶科切亚、巴克罗等。阿贝拉多也是一名具有这种特点的后卫，身强体壮、拼抢凶狠、头球出色，擅长卡位和补位。克鲁伊夫很快相中了阿贝拉多，认为他适合巴萨的风格，并钦点让其加盟了巴萨。在克鲁伊夫执教的最后两年，阿贝拉多站稳了主力位置，成为西甲当中的优秀后卫，代表国家队参加了 1994 年世界杯和 1996 年欧洲杯，并作为中卫的主要人选经常出场。

无私和效率是阿贝拉多最主要的两个特征。位置感极佳，力量大，抢截能力强，头球能力出色，这都是他的优点。同时，他竞技状态很好。当比赛进入僵持时，他能出其不意打破僵局。但是他也有缺点，技术不够细腻，速度也比较慢。他自己也深知缺点所在，所以很少粘球。

之后巴萨的克鲁伊夫时代终结。尽管巴萨多多少少受了影响，但是阿贝拉多仍证明了自己的价值。但博比·罗布森的到来，以及外籍防守球员布兰科、库托的存在使得他不得不坐在了板凳上，不再持续首发出场。

范加尔手下的第一个赛季，阿贝拉多再次不幸受伤，他失去了上场机会。同时，荷兰人雷齐格和博加德的加入，使得范加尔非常信任这两个荷兰老乡，这让阿贝拉多的主力位置更加遥遥无期。不过在替补出场的时间里，他的表现还可以。

随着范加尔的离开，新教练费雷尔顺应要求重新起用了像塞尔吉这样的本土老臣，阿贝拉多也重新回到了主力阵容中，但是球队的状态和他本人的状态一样江河日下。后来他又经历了重大伤病的困扰，复出之后更加力不从心，2002 年后他终于离开巴萨转会到了阿拉维斯队。

但是这时候的阿拉维斯已经不再是那支联盟杯亚军的队伍了，莫雷诺等球员的流失使得队伍实力大大受损，经历了一年挣扎后最终降级。而阿贝拉多在经历了此次打击后也无心再继续自己的职业生涯，没有实践自己"叶落归根"再为希洪竞技效力的愿望，最终选择了挂靴退役。

● 中文名：阿贝拉多·费尔南德斯
● 外文名：Abelardo Fernández
● 国籍：西班牙
● 出生地：希洪
● 出生日期：1970 年 4 月 19 日
● 身高：1.83 米　●场上位置：中后卫
● 主要荣耀：2 次西甲联赛冠军、2 次国王杯冠军、2 次西班牙超级杯冠军、1 次欧洲优胜者杯冠军、1 次欧洲超级杯冠军、1 次奥运会冠军

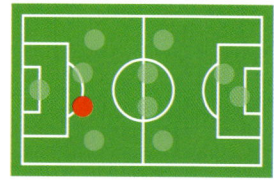

46

NO.20 SUPER STAR

边路之王
路易斯·菲戈
Luis Figo

● 1995—2000 年代表巴萨出场 249 次进 45 球

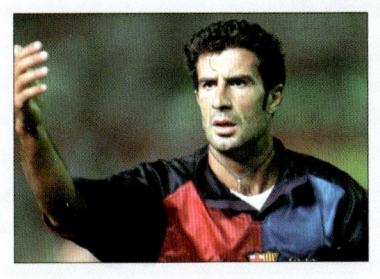

菲戈年仅 11 岁就加盟葡萄牙劲旅里斯本竞技——一支曾经训练出无数葡萄牙国脚的球队，共为里斯本竞技出赛 124 场，夺得葡萄牙杯冠军并成为球队队长。1995 年菲戈计划出国发展加盟一支欧洲大俱乐部，首选投身意甲，但他同时与尤文图斯及帕尔玛签约引发两支球队激烈的争议，最终意大利足球协会宣布禁止菲戈在两年内转会到任何意大利的球队。菲戈离队改投由约翰·克鲁伊夫任教的西班牙巴萨。

在诺坎普体育场，绰号"狮子王"的菲戈事业开始起飞，加盟球队的翌季即获得欧洲优胜者杯及连续两届西甲冠军，菲戈共为"红蓝军团"出赛 172 场并射入 30 球，在巴萨的四年成为这支加泰罗尼亚球队的队长、象征及球迷的宠儿。

在球员生涯的早期，菲戈已被视为出色的翼锋，里斯本竞技及葡萄牙世青队的教练卡洛斯·奎罗兹曾评价 11 岁时的菲戈："就算现在，路易斯亦比其他球员优秀。"菲戈灵巧的脚步及悦目的假动作，覆盖球场大范围的流动性，加上数量惊人的助攻次数，最终令菲戈成为世界级的球员。

菲戈在 2000 年极富争议地以破当时世界转会费纪录的 6500 万欧元加入巴萨的死对头皇家马德里，成为"银河战舰"首个重要收购，亦被一众曾经拥护他的巴萨球迷视为叛徒，称他为"犹大·菲戈"。

菲戈因伤缺阵首次随皇马作客巴塞罗那的比赛，2002 年菲戈终于重临诺坎普体育场，整场比赛观众不断向菲戈投掷杂物及高声叫骂"贪财奴"。

此后三年，由博斯克执教以菲戈为核心的皇马横扫各奖项，以表现回应批评，夺得西甲冠军及欧冠晋身四强，个人获得"世界足球先生"的荣誉，翌年皇马杀入欧冠决赛，带伤出战的菲戈协助球队 2 比 1 击败勒沃库森夺得欧洲冠军联赛冠军，2002/2003 赛季菲戈射入 10 球协助皇马重夺西甲冠军，但欧冠四强两回合累计 3 比 4 负于尤文图斯出局。在菲戈各项难忘的成就中包括因脚踢奥萨苏纳的詹姆斯下体而被罚红牌出场。

2003/2004 赛季，皇马在联赛仅获第四名，西班牙国王杯决赛加时后 2 比 3 负于萨拉戈萨，欧冠八强两回合累计 5 比 5 战平摩纳哥，因客场进球少被淘汰，"银河战舰"成立后首次四大皆空。翌季菲戈在欧冠分组赛中射入 4 球协助球队出线，但在十六强两回合累计 1 比 2 被尤文图斯所淘汰。

由于菲戈与教练万德雷·卢森博格不和，最终菲戈选择国际米兰，于 2005 年 8 月 5 日与国米签订两年价值 700 万欧元合约，加盟后他的表现一度恢复效力皇马时的光彩，最后为球队获得意大利杯及意甲联赛双料冠军。

2009 年 5 月，当国际米兰第十七次赢取意甲冠军后，菲戈宣布结束长达二十年的球员生涯。

- ●中文名：路易斯·菲戈
- ●外文名：Luis Figo
- ●国籍：葡萄牙 ●出生地：里斯本
- ●出生日期：1972 年 11 月 4 日
- ●身高：1.80 米 ●场上位置：前腰、边锋
- ●主要荣耀：1 次世界足球先生、1 次欧洲足球先生、6 次葡萄牙足球先生、4 次西甲联赛冠军、2 次国王杯冠军、2 次西班牙超级杯冠军、4 次意甲联赛冠军、1 次意大利杯冠军、1 次意大利超级杯冠军、1 次葡萄牙杯冠军、1 次欧洲冠军联赛冠军、1 次欧洲优胜者杯冠军、2 次欧洲超级杯冠军、1 次丰田杯冠军

天生斗士
路易斯·恩里克
Luis Enrique

● 1996—2004 年代表巴萨出场 300 次进 109 球

路易斯·恩里克踢过除了门将之外的所有位置，但是在中场右路或者锋线上的威力最大。场上作风非常硬朗，右路凌厉的突破是恩里克的标志。1988年，恩里克入选西班牙皇家马德里俱乐部青年足球队。1991 年首次代表西班牙国家队参加国际比赛，同年夏天转会皇家马德里。1992 年，在西班牙巴塞罗那举行的奥运会中，随西班牙队获得奥运会足球冠军，他在决赛中攻入 2 球。1995 年随皇家马德里获得甲冠军。

1996 赛季路易斯·恩里克因为种种原因和皇马闹翻，随即在夏天转会到巴萨。从皇马转投死敌巴萨，这在当时轰动一时。1996/1997 赛季的巴萨是属于罗纳尔多的，但是路易斯·恩里克的作用也不能忽视，前场不知疲倦的奔跑和扯动，技术日趋全面的他，帮助罗纳尔多拉出对手后防空当，也是那个赛季罗纳尔多进球如麻的一个侧面显示。

1997/1998 赛季是恩里克职业生涯的巅峰。这个赛季他或进球，或助攻，帮助巴萨一路高歌猛进，最终获得了联赛冠军。他近乎完美的表现也让西班牙球迷期待 1998 年世界杯上他的精彩表演。

可惜现实与想象存在巨大差距，西班牙 2 比 3 负尼日利亚，0 比 0 平巴拉圭后，球队的命运已经不掌握在自己手中。最后一场，虽然恩里克用进球帮助球队 6 比 1 痛击保加利亚，但是尼日利亚 1 比 3 放水给巴拉圭，"斗牛士"们最终饮恨法兰西。才华横溢的"伊比利亚斗牛士"——路易斯·恩里克，没有帮助西班牙更进一步，没有在世界大赛证明自己，成了他一生的遗憾。

世界杯的失意让路易斯·恩里克迷茫了一些日子，好在新赛季恩里克并没有失去状态，他帮助球队卫冕了 1998/1999 赛季的联赛冠军。出色的表现让他越发深受球迷爱戴，球队队长袖标也交到了他的手上，那更意味着责任。兢兢业业，不知疲倦，斗志旺盛，各种赞美声接踵而来，路易斯·恩里克顽强的拼劲和不屈的斗志为当时的巴萨带来了不一样的改变。

跑位、接应、扯动、传球，多面手的他让巴萨的攻击中场充满了侵略性。插上射门时让对手防不胜防。对阵皇马时荡气回肠的入球和庆祝方式更让人久久不能忘怀——皇马禁区前沿皮球反弹而来，路易斯·恩里克抢前一步不等球落地凌空大力抽射，直挂大门右下角入网，进球后的他疯狂拉起球衣下沿，努着嘴狂奔。

2004 年 5 月，34 岁的路易斯·恩里克在其个人网站上发表退役声明："我自认已不适合继续在比赛中拼命了。这个赛季我应该是在观众席上观看比赛了。"此时他已经代表巴萨参加了 300 场比赛，斩获 109 个进球、2 个西甲联赛冠军、2 座国王杯、1 座西班牙超级杯、1 座欧洲优胜者杯。

曾经的加泰罗尼亚精神领袖，结束了他 15 年的职业足球生涯。《世界体育报》说，巴萨的球迷嘘过罗马里奥、斯托伊奇科夫这样的巨星，但却从未抱怨过恩里克。

"今天是伟大的一天。"恩里克的表情平静中带着喜悦，"感谢队友和球迷的支持，感谢所有人的关爱，不是所有人都能享受到如此的特权，我很幸运，我无法报答这样的深情，我只想说，诺坎普球场就是我的家。"

● **中文名**：路易斯·恩里克
● **外文名**：Luis Enrique
● **国籍**：西班牙
● **出生地**：希洪
● **出生日期**：1970 年 5 月 8 日
● **身高**：1.80 米　●**场上位置**：右中场、前锋
● **主要荣耀**：1 次欧洲足球先生、3 次西甲联赛冠军、3 次国王杯冠军、2 次西班牙超级杯冠军、1 次欧洲超级杯冠军、1 次欧洲优胜者杯冠军、1 次奥运会冠军

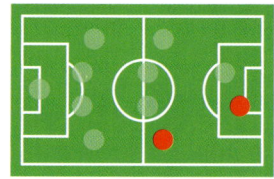

外星人
罗纳尔多
Ronaldo

● 1996—1997 年代表巴萨出场 49 次进 47 球

说起罗纳尔多，他的名字就意味着成功。两次欧洲金球奖得主，三届"世界足球先生"得主，加上金足奖，然而这些只是罗纳尔多职业生涯所获得的部分重要奖项。

罗纳尔多的个人生涯虽然多次遭遇重大伤病，但他依然书写了难以复制的传奇。他随巴西队连续三届世界杯杀进决赛，并两次捧得了"大力神杯"。他帮助皇马夺得了 2002/2003 赛季的西甲冠军，并随巴萨拿到了国王杯和优胜者杯冠军，在国际米兰他也捧得过欧洲联盟杯冠军，职业生涯绝对算得上熠熠生辉。

他被人称为"外星人"，他被人称为世界上技术最无解的前锋，他留下了太多难以复制的神奇进球、太多让人无法忘却的经典瞬间。他的前插意识出众，处理单刀球的能力天下无双，他冷静而自信，在禁区内的才华无与伦比。他的招牌式的钟摆式过人总是让人有种如梦如幻的感觉，而他气贯长虹般的长途奔袭更是让人产生怀疑，他是否属于这个星球。

2002 年韩日世界杯决赛，面对状态疯癫的"德国门神"卡恩，罗纳尔多两次精彩的破门让人印象深刻，无论面对实力何等出众的门将，罗纳尔多总能想出最佳的破门良策，这就是一个世界级前锋所应该具备的素质。

如果你认为罗纳尔多只是一个射术精湛的传奇 9 号，那你就大错特错了，罗尼巅峰时期的身体天赋惊人，他的速度奇快，盘带能力更是前锋中的翘楚。

罗纳尔多成名于荷甲埃因霍温，不过，"外星人"真正让世人大开眼界还要从他加盟巴萨说起，1996 年，年仅 20 岁的罗纳尔多在西甲展现了难以令人置信的能力。联赛出场 37 次，进球 34 个。

罗纳尔多职业生涯中最令人叹为观止的入球便发生在那个赛季对孔波斯特拉的比赛中。那场比赛罗纳尔多上演了"帽子戏法"。其中第二个进球，罗纳尔多从中场左侧得球突进，冲出两名对手的包围圈后，以势不可当的速度直扑禁区。在禁区附近他用娴熟的连续变向摆脱了补上来的一名后卫，然后将球拉到身侧，隐蔽地从另外两名后卫的腿中间将球扫射进门。这个进球让时任巴萨主帅鲍比·罗布森惊叹万分，用他当时的话说"这是一个外星人的进球"。

尽管罗纳尔多留给巴萨球迷的回忆只有这短短的一个赛季，随后他便奔赴意甲，加盟了国际米兰。但作为巴萨历史上最伟大的射手之一，罗纳尔多还是在"红蓝军团"历史上留下了浓墨重彩的一笔。他在西甲单赛季 34 个联赛进球的纪录，直到 2010 年才被梅西追平，而其"外星人"的名号也始于巴萨。

- ●中文名：罗纳尔多·路易斯·纳扎里奥·达·利马
- ●外文名：Ronaldo Luiz Nazario De Lima
- ●国籍：巴西 ●出生地：里约热内卢
- ●出生日期：1976 年 9 月 18 日
- ●身高：1.80 米 ●场上位置：前锋
- ●主要荣耀：3 次世界足球先生、2 次欧洲金球奖、1 次南美足球先生、1 次世界杯金球奖、1 次美洲杯金靴奖、1 次欧洲金靴奖、2 次美洲杯金球奖、2 次西甲年度最佳球员奖、1 次荷甲金靴奖、2 次西甲金靴奖、1 次西甲联赛冠军、1 次国王杯冠军、2 次西班牙超级杯冠军、1 次欧洲联盟杯冠军、1 次欧洲优胜者杯冠军、1 次丰田杯冠军

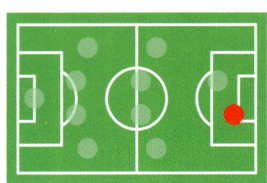

梦幻巴萨珍藏图纪 ●心若红蓝
Fútbol Club Barcelona

NO.23 SUPER STAR

桑巴鬼才
里瓦尔多
Rivaldo

● 1997—2002 年代表巴萨出场 182 次进 92 球

既生瑜何生亮，这句用来形容里瓦尔多和罗伯特·卡洛斯的关系，其实还算比较恰当。正因为卡洛斯也是任意球高手，所以里瓦尔多的任意球功夫在巴西队并没有得到完全施展。但作为一名实力派球员，他很好地扮演了隐形杀手的角色，总能用聪明的计算、敏锐的判断来弥补自身射门力量的不足。

不论是在巴西国家队，还是在巴萨，里瓦尔多扮演的都是影子刺客的角色，埋伏在前锋身后，突然插上，杀得对方措手不及，给对手致命一击。1997年里瓦尔多转会巴萨的时候，违约金史无前例高达9200万美元，并一口气签下6年合同。当然，里瓦尔多也用实际行动证明了自己的身价，效力巴萨的首个赛季，里瓦尔多就打进19球，他在球场上有很好的位置感，擅长以四两拨千斤的巧射来破门得分。

当然，里瓦尔多也是典型的任意球高手，他左右脚都可以开弓，而且总是在关键时刻，利用任意球破门得分。1998/1999赛季，欧洲冠军杯巴萨主场对曼联，里瓦尔多用一记漂亮的任意球破门得分，但随后被曼联将比分反超。关键时刻，里瓦尔多挺身而出，在禁区内倒挂金钩，将比分扳成3比3平。

1998年世界杯，里瓦尔多已经开始显露出影子刺客的本色，但仍是被主角罗纳尔多抢尽风头。2002年世界杯，才是里瓦尔多证明自己的大好机会，他在多场关键比赛中破门得分。

对阵英格兰时他打入扳平一球。决赛对德国的一记怒射迫使卡恩脱手，帮助罗纳尔多补射空门首开纪录，其后巧妙的一漏让罗纳尔多锁定胜局。那届世界杯中，里瓦尔多打进5球，有4次助攻，被认为是巴西夺冠的关键人物，影子刺客本色尽显。

● **中文名**：里瓦尔多·维多·博巴·费雷拉
● **外文名**：Rivaldo Victor Borba Ferreira
● **国籍**：巴西 ● **出生地**：累西腓
● **出生日期**：1972年4月19日
● **身高**：1.86 米 ● **场上位置**：前腰、二前锋
● **主要荣耀**：1次欧洲足球先生、2次西甲联赛冠军、1次国王杯冠军、1次意甲联赛冠军、1次意大利杯冠军、3次希超联赛冠军、2次希腊联赛冠军、1次巴西全国足球联赛冠军、1次米内罗州联赛冠军、1次欧洲冠军联赛冠军、2次欧洲超级杯冠军、1次世界杯冠军

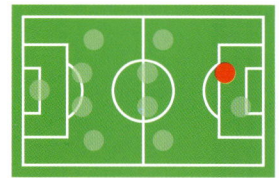

50

梦幻星河
Dream Galaxy

魔鬼天才
帕特里克·克鲁伊维特
Patrick Kluivert

● 1998—2004 年代表巴萨出场 255 次进 120 球

20 世纪 90 年代中期，在阿贾克斯时克鲁伊维特就已经被打上了天才的标签，否则米兰和巴萨两大豪门不会先后将其招入麾下。在球场上，有时他动作优雅、才华横溢，进球简直就是家常便饭，有时他就像容易爆炸的火药桶，沾火即着，成为魔鬼的化身。克鲁伊维特就是这样一个矛盾结合体，时而魔鬼时而天才，在克鲁伊维特的职业生涯中，除了有伴随着进球而来的掌声和鲜花之外，还有屡屡见诸报端的强奸案、驾车违章、夜总会狂欢乃至斗殴。

1995 年 9 月，一起车祸让他背上"杀人犯"的恶名。两年之后，一名 20 岁的荷兰女子向法院指控克鲁伊维特强奸，使他又多了一项"强奸犯"的罪名，虽然最后证据不足，但此次事件也几乎令克鲁伊维特身败名裂。

加盟巴萨，应该是克鲁伊维特职业生涯的转折点，那时正逢范加尔第一次执教巴萨，"荷兰帮"的照顾自然是不在话下，人和方面已经铺好道路。

而天时也在帮助荷兰人，当时正逢罗纳尔多离开巴萨，诺坎普急需一位锋线杀手，克鲁伊维特的频频进球正好填补了巴萨球迷心中因罗纳尔多离去而留下的心理真空。而地利其实对克鲁伊维特也非常有利，那时德波尔兄弟以及科库、雷齐格都在巴萨效力，克鲁伊维特跟队友能很快融入，不需要时间来磨合，他们默契的一个眼神配合就能打穿防线，制造漂亮的进球，那也是克鲁伊维特职业生涯最为辉煌的一段时期。

在巴萨过于顺利的开局，让克鲁伊维特滋生骄傲情绪，随后他魔鬼的一面开始逐渐呈现出来。

1999 年 10 月，"西班牙国家德比"上演，克鲁伊维特在一次带球突破时，被坎波铲倒，立刻破口大骂起来，被裁判两黄变一红驱逐出场，那次不冷静让他禁赛四场。按照常理，本该吃一堑长一智，但克鲁伊维特屡教不改，两个月后，他在无球状态下，给对手一记重拳，被停赛 5 场。

里杰卡尔德上任后，对巴萨进行改革，拆散范加尔建立起来的"荷兰帮"也是最重要的一个手段，克鲁伊维特当时周薪为全队最高，但他训练不系统，导致比赛时长期状态低迷，终被巴萨忍痛割爱，克鲁伊维特远渡英伦。

2008 年退役后，成为助理教练的他辗转多家球队。2012 年辅佐范加尔，率领荷兰国家队获得 2014 年世界杯季军。2015 年，克鲁伊维特担任库拉索队的主教练。

● 中文名：帕特里克·克鲁伊维特
● 外文名：Patrick Kluivert
● 国籍：荷兰
● 出生地：阿姆斯特丹
● 出生日期：1976 年 7 月 1 日
● 身高：1.88 米　● 场上位置：前锋
● 主要荣耀：1 次荷兰最佳新秀奖、1 次欧洲杯金靴奖、1 次西甲联赛冠军、3 次荷甲联赛冠军、1 次欧洲冠军联赛冠军、1 次欧洲超级杯冠军、1 次丰田杯冠军

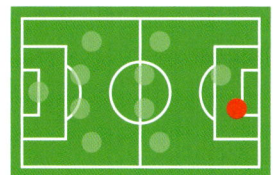

NO.25 SUPER STAR

冷面卫士
弗兰克·德波尔
Frank De Boer

● 1998—2003 年代表巴萨出场 215 次进 15 球

人们对于弗兰克·德波尔的记忆恐怕来自 2000 年欧锦赛荷兰与意大利的半决赛。在那场比赛中,德波尔连续两次射失点球,令荷兰队被淘汰。

弗兰克·德波尔和双胞胎哥哥罗纳德·德波尔同出自著名的阿贾克斯青训营,起先他司职左后卫,后来才打改中后卫。

1999 年,他和哥哥一起来到了西班牙,追随恩师范加尔并加盟了巴萨。随着年龄的增长,他逐渐在巴萨失去了位置。2003 年,他加盟了土耳其球队加拉塔萨雷。

弗兰克·德波尔早在 1990 年 20 岁的时候就入选了荷兰国家队,在 2000 年欧锦赛上,他成为荷兰历史上第一位为国家队效力超过 100 场的球员。

2007 年,弗兰克·德波尔重返母队阿贾克斯担任青年队教练。2008 年,成为荷兰国家队助教,辅佐主教练范马尔韦克,荷兰队杀入 2010 年世界杯决赛,并获得亚军。2010 年 12 月,德波尔接替马丁·乔尔斯成为阿贾克斯代理主教练。由于冬歇期前带队成绩突出,正式成为俱乐部主教练。从 2011—2014 年,德波尔率领阿贾克斯夺得荷甲四连冠,创造俱乐部历史纪录。

- ●中文名:弗兰克·德波尔
- ●外文名:Frank De Boer
- ●国籍:荷兰
- ●出生地:霍伦
- ●出生日期:1970 年 5 月 15 日
- ●身高:1.80 米　●场上位置:左后卫、中后卫
- ●主要荣耀:1 次西甲联赛冠军、5 次荷甲联赛冠军、2 次荷兰杯冠军、1 次欧洲联盟杯冠军、1 次欧洲超级杯冠军、1 次欧洲冠军联赛冠军

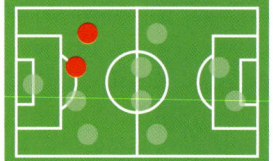

NO.26 SUPER STAR

全能战士
菲利普·科库
Philip Cocu

● 1998—2004 年代表巴萨出场 292 次进 37 球

科库是一名全能球员,他能够在中场前腰或中场左路活动,也能充当中后卫或第二前锋,除此之外,他左脚的势大力沉的远射令对手胆寒。

作为一名全能型中场,射门,尤其是远射能力,可以说是科库的"绝活"。无论是在埃因霍温还是在巴萨,科库都占据着主力后腰的位置,除了后腰的本职工作,科库也是一名出色的边前卫。1998 年世界杯后,科库离开了效力六年的埃因霍温,加盟了西班牙豪门巴萨。

虎门无犬子,科库很快就在挑剔的伊比利亚半岛加泰罗尼亚地区成了当地球迷心中的偶像。时至今日,每当巴萨的球迷谈到科库时,都会跷起大拇指啧啧称赞他精湛的技术和场上永不放弃的领袖精神。

- ●中文名:菲利普·约翰·威廉·科库
- ●外文名:Philip John William Cocu
- ●国籍:荷兰
- ●出生地:埃因霍温
- ●出生日期:1970 年 10 月 29 日
- ●身高:1.85 米　●场上位置:中场、中后卫、二前锋
- ●主要荣耀:1 次西甲联赛冠军、4 次荷甲联赛冠军、2 次荷兰杯冠军、1 次世界杯殿军

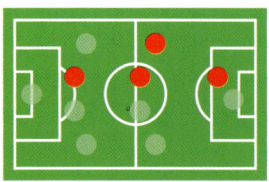

NO. 27 SUPER STAR

指挥官
哈维
Xavi

● 1998—2015 年代表巴萨出场 767 次进 85 球

精确转移球的能力，超强的大局观，尤其是"转圈"护球摆脱神技炉火纯青，哈维是名副其实的中场大师。

哈维的足球生涯完全属于诺坎普，他从 11 岁就加盟巴萨，1997/1998 赛季他从青年队升入巴萨 B 队。在 B 队，哈维成为球队的大脑，在约尔迪·冈萨尔沃的执教下升入乙级。

1998 年夏天对马洛卡的西班牙超级杯，哈维实现了代表一线队出场的梦想，他不但首发出战，还攻入一球，没有比这更美妙的首秀了。1998/1999 赛季，范加尔带领巴萨夺得联赛冠军，哈维扮演了重要角色。

1999/2000 赛季，由于瓜迪奥拉受伤，哈维成为"4 号位置"的第一选择，老队长转会去意甲后，哈维真正成为巴萨的中场核心。

2004/2005 赛季，哈维在里杰卡尔德的执教下，带领巴萨获得了阔别六年的西甲冠军，哈维打满全部 38 场联赛，是出场时间最多的中场球员。

哈维 25 岁就完成了代表巴萨的第 300 场正式比赛。2008/2009 赛季，巴萨夺得了 6 个赛事的冠军，树立了一个令后世仰望的丰碑。哈维厥功至伟，联赛打进 6 球送出 20 次助攻，以 7 次助攻排名欧冠助攻榜第一，并当选欧冠最佳中场。

2010/2011 赛季，哈维第 549 次代表球队出场，追平了米盖利保持的巴萨出场纪录。2014 年 1 月 17 日，巴萨国王杯客场对赫塔菲的那场比赛，哈维虽然只是替补登场，却继续书写属于自己的传奇：这是他第 700 次代表巴萨登场，继续改写自己创造的巴萨球员出场场次纪录。

2015 年 4 月 26 日，西甲第 33 轮，巴萨 2 比 0 战胜西班牙人，哈维在比赛快结束时换下伊涅斯塔，完成了自己巴萨生涯西甲第 500 次出场，成为俱乐部取得这一成就的第一人。

2015 年 5 月 18 日，巴萨客场对阵马竞，哈维第 80 分钟换下了伊涅斯塔，接过了"小白"递来的队长袖标。13 分钟之后，马里恩科吹响了终场哨声。哈维赢得了巴萨生涯第 8 座联赛冠军奖杯，同时这也是他巴萨生涯第 23 个冠军。

夺冠后，哈维与队友、教练组成员们一一拥抱，眼含热泪，嘴角和面部肌肉还有着抽泣的痕迹。哈维之所以落泪，既源于激动，也源于不舍。那年夏天，哈维将转投卡塔尔的阿尔萨德队，告别效力了 17 年之久的"红蓝军团"。

17 年，弹指一挥间，如今的哈维虽然早已过了自己的巅峰时期，但他依然能为巴萨在场上带来思想和创造力。在这 17 年中，哈维总共帮助巴萨夺得过 23 个冠军头衔，是俱乐部历史上夺冠次数最多的球员。

作为西班牙黄金一代的中场领袖，自 2000 年开始为国效力直到 2014 年退出国家队，随队夺得 2008 年和 2012 年两届欧洲杯冠军以及 2010 年世界杯冠军。他是世界足坛少有的获得俱乐部和国家队荣誉大满贯的球员。

- ● 中文名：哈维·埃尔南德兹·克雷乌斯
- ● 外文名：Xavi Hernández Creus
- ● 国籍：西班牙　● 出生地：特拉萨
- ● 出生日期：1980 年 1 月 25 日
- ● 身高：1.70 米　● 场上位置：中场
- ● 主要荣耀：1 次世界最佳足球运动员奖、1 次欧足联俱乐部年度最佳中场奖、1 次 IFFHS 世界最佳中场奖、1 次西班牙最佳球员奖、1 次西甲最佳中场奖、8 次西甲联赛冠军、3 次国王杯冠军、6 次西班牙超级杯冠军、4 次欧洲冠军联赛冠军、2 次欧洲超级杯冠军、2 次世俱杯冠军、1 次世界杯冠军、2 次欧洲杯冠军

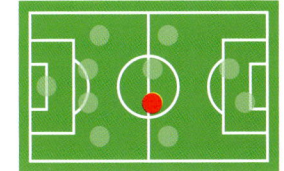

梦幻巴萨珍藏图纪
Fútbol Club Barcelona ● 心若红蓝

NO.28 SUPER STAR

巴萨之魂
卡尔斯·普约尔
Carles Puyol

● 1999—2014年代表巴萨出场593次进18球

每一个巴萨球迷都已经习惯了这样一个画面：终场哨响，红蓝色的激情充溢整个绿茵场，他们疯狂地奔跑着，拉扯着身上的球衣，用最大的力气去亲吻胸前的队徽！但有一个男人，他镇定自如，宠辱不惊，雄狮般长发已不再充满着野性和桀骜，更有一种岁月凝结的成熟与睿智，这位天生王者将霸气内敛于形……他走上前和每一个队友击掌相庆，但转过身，一定是一副不喜不悲的凝重表情……他就是巴萨队长卡尔斯·普约尔，一个忠诚无比的硬汉，一个能屈能伸的完美领袖。

普约尔出生于西班牙的加泰罗尼亚地区的塞居尔，他的足球生涯便是从这个红蓝色调为主的地区开始，7岁那年他便与巴萨签约，来到拉玛西亚青训营。他迅速在巴萨B队站稳脚跟，1999年10月2日普约尔首次以一线队出场，时任主帅范加尔让他在巴拉多利德面前第一次体验西甲氛围。从那之后，他上场比赛的机会越来越多，渐渐将右后卫主力牢牢占据。坚强的决心与刻苦的训练，又使普约尔适应了中后卫位置。

2003/2004赛季，普约尔被选为第三队长，带领巴萨赢得西甲联赛亚军，这一年他参加了27场联赛和7场联盟杯。但直到2004/2005赛季，普约尔才等到在巴萨的第一个冠军，那时他已成为巴萨的第一队长。赛季末，他在诺坎普举起联赛冠军奖杯，实现了人生的梦想。也正是从那一年开始，普约尔人生的履历上开始不断地增添辉煌，每一年他都会举起各种各样的奖杯，以至习以为常……

从2004年接过队长袖标至今，八年来，普约尔一直兢兢业业地守护着这个位置，他从来没有忘记过自己红蓝魂的存在，每次代表巴萨出场都会霸气十足。2004/2005赛季，巴萨在小罗的带领下所向披靡，他们开启了里杰卡尔德的"梦二"时代，普约尔作为队长两次捧起西甲冠军奖杯，一次捧起欧洲冠军杯，他第一次体会到作为巴萨队长的无上荣耀，那种骄傲和自豪一生难忘。不过，2006年之后，小罗状态下滑，巴萨经历了两年沉寂后，在2008年夏天决定重建，小罗和里杰卡尔德纷纷离去，昔日巴萨队长瓜迪奥拉成为主教练，巴萨经历一场大变革，但后防线上，那个蓬头散发，一身是胆的队长依然是——普约尔！

瓜迪奥拉的改革是成功的，巴萨在2009/2010赛季战无不胜，成为西甲历史上第一个真正意义上的"三冠王"，普约尔的"举杯生涯"来到了巅峰。从2009年捧起联赛冠军开始，普约尔在三年里先后捧起了13座赛事奖杯，其中包括两个欧冠冠军、三个西甲冠军、两座世俱杯、三座西班牙超级杯、两座欧洲超级杯和一座国王杯！

普约尔从右后卫出道，逐步成长为一名世界级中后卫，他拥有出色的身体条件和纪律性。他是队内其他球员的榜样，破坏对手进攻时从不拖泥带水。当教练需要时，他还能胜任左后卫。他强健的身体使他争顶时不处劣势，能盯防比他高的前锋。球队获得角球和任意球时，普约尔时常积极参与进攻。由他和皮克的中卫组合成了"梦三"时期后防线最坚固的一座堡垒。

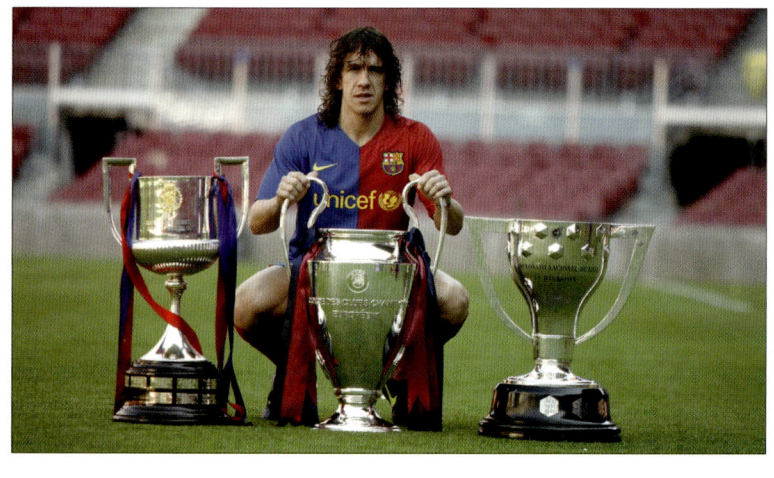

- ●**中文名**：卡尔斯·普约尔
- ●**外文名**：Carles Puyol
- ●**国籍**：西班牙
- ●**出生地**：塞居尔
- ●**出生日期**：1978年4月13日
- ●**身高**：1.78米　●**场上位置**：中后卫、右后卫
- ●**主要荣耀**：1次欧足联俱乐部最佳后卫奖、1次西甲最佳新秀奖、6次西甲联赛冠军、2次国王杯冠军、6次西班牙超级杯冠军、3次欧洲冠军联赛冠军、2次欧洲超级杯冠军、2次世俱杯冠军、1次世界杯冠军、1次欧洲杯冠军

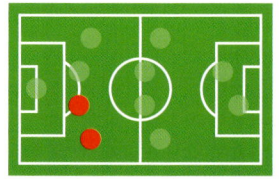

边路翘楚
马克·奥维马斯
Marc Overmars

● 2000—2004 年代表巴萨出场 141 次进 19 球

有些球员加盟巴萨，等待他们的注定就是鲜花与掌声；有些球员加盟巴萨，等待他们的也有尴尬与失落。荷兰边锋奥维马斯在巴萨的境遇就属于后者。在加盟巴萨之前，奥维马斯在"兵工厂"让众多对手闻风丧胆，他将速度与技术完美融合，让很多边后卫无力防范。

奥维马斯曾随荷兰国家队参加了1994 年和 1998 年两届世界杯，1994年还被评为世界杯最佳新人。但真正让奥维马斯的人生出现转折点的，应该是在 2000 年的欧洲杯赛场。荷兰以一波四连胜杀进半决赛，奥维马斯的边路突破几乎无解，但他们面对意大利时遇到了麻烦。意大利人靠死守苦苦支撑，弗兰克·德波尔和克鲁伊维特在常规比赛中先后射失点球，成全了意大利人在点球大战中过关。尽管荷兰人在半决赛被点杀出局，但奥维马斯却给诸多球探留下深刻印象，欧洲杯结束之后，巴萨向荷兰人伸出橄榄枝，奥维马斯离开阿森纳，加盟巴萨。

到了诺坎普之后，奥维马斯那风驰电掣般的突破速度就蒸发掉了，留给他的只剩始乱终弃的不堪回首。虽然巴萨球星云集，但队内帮派纷争，影响球队团结。"荷兰帮"、"巴西帮"和"西班牙本土帮"在更衣室内的权力斗争，使得球星们在球场上无心恋战，每名球员鲜明的特点也根本无法发挥出来。

加盟巴萨的第一个赛季，奥维马斯31 次出场打进 8 球，成绩单上被打了疑问号，因为他边路的突破并没有很好地展示出来，这与他跟队友欠缺默契配合有关系。

突破速度是衡量一名优秀边锋的标尺，当奥维马斯逐渐融入球队，准备在巴萨大展宏图之时，却反复地被伤病扼杀，可谓屋漏偏逢连夜雨。在2001/2002 赛季，奥维马斯为巴萨出场20 次，竟然一球未进，其实已经让"边路速度王"名声扫地。

2002/2003 赛季，奥维马斯在对勒沃库森的比赛中打进关键入球，保持巴萨在那个赛季冠军杯比赛的全胜战绩，却无法留住巴萨球迷的心，在巴萨的巨星光环下，他只能尴尬地扮演配角。

在 2004 年欧洲杯过后，由于伤病的原因，奥维马斯放弃了跟巴萨还剩一年的合同。无奈选择退役，"边路速度王"在诺坎普徒留遗憾。

退役后的奥维马斯现如今是阿贾克斯俱乐部的体育总监。

● 中文名：马克·奥维马斯
● 外文名：Marc Overmars
● 国籍：荷兰
● 出生地：埃姆斯特
● 出生日期：1973 年 3 月 29 日
● 身高：1.73 米　场上位置：左边锋
● 主要荣耀：1 次荷甲金靴奖、1 次世界杯最佳年轻球员奖、1 次英超联赛冠军、1 次足总杯冠军、1 次社区盾杯冠军、3 次荷甲联赛冠军、1 次荷兰杯冠军、1 次欧洲冠军联赛冠军、1 次欧洲超级杯冠军、1 次丰田杯冠军

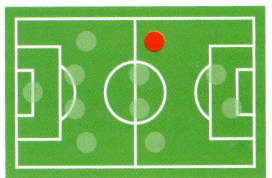

梦幻巴萨珍藏图纪 ●心若红蓝
Fútbol Club Barcelona

NO. 30 SUPER STAR

红蓝守卫者
维克托·巴尔德斯
Victor Valdes

● 2002—2014年代表巴萨出场535次

巴尔德斯是一名反应敏捷、力量出色的守门员。他很愿意指挥和安排后防线，这一点与他的偶像、"德国门神"卡恩相似。处子赛季中，巴尔德斯有时无法掌握出击的时机，但第二个赛季很快弥补了这个缺点。他拥有巨大的潜力，被看作有希望入围西班牙国家队参加2004年欧洲杯的名单，但最终败给毕尔巴鄂竞技足球俱乐部的阿兰苏比亚。

2006/2007赛季，随着鲁斯图的离开，巴尔德斯也最终穿上了1号球衣，完成了从一个追梦少年到一个豪门主力门将的角色蜕变。

2004/2005赛季，巴尔德斯帮助巴萨夺得自1998年来的首个联赛冠军，他自己也收获了个人第一个萨莫拉奖。2005/2006赛季，巴尔德斯帮助巴萨夺得西甲联赛和欧冠联赛"双冠王"。

从2002/2003赛季开始，巴尔德斯已经为巴萨在各项赛事中出场360多场，夺得过四个西甲联赛冠军、一个西班牙国王杯冠军、三个西班牙超级杯冠军、两个欧冠冠军、一个欧洲超级杯冠军和一个世界俱乐部杯冠军。

2009年巴萨夺得史无前例的"六冠王"，作为主力门将的巴尔德斯功不可没。

2013年5月2日，巴尔德斯职业生涯中第100次参加欧冠联赛，他成了巴萨史上第三位完成这一伟业的球员。

2013年11月6日，巴萨主场3比1胜AC米兰，巴尔德斯首发出战，他在冠军联赛的出场次数达到108场，超越了卡恩（107场），排在第二位。

由于近年来在场上失误不断，巴尔德斯一直饱受媒体抨击，2013年1月18日，巴尔德斯宣布不与巴萨续约。在为巴萨效力了12年后，巴尔德斯也希望尝试新的挑战，2015年1月9日，巴尔德斯自由加盟"红魔"曼联。

2002/2003赛季，时任巴萨主帅范加尔一眼便相中了这位身材不算高大，但却反应机敏，善于指挥布防的小伙子，并将其从二队提拔到了星光璀璨的一队。2003/2004赛季，里杰卡尔德的到来给了巴尔德斯新的期望，可是鲁斯图的加盟又为这位新秀的主力前景蒙上了阴影。但意外的受伤成了土耳其人职业生涯的消极转折，在他养伤的日子里，巴尔德斯用出色的表现迅速赢得了里杰卡尔德的心。最终在巴萨这样的豪门中牢牢地站稳了脚跟。

- ●**中文名**：维克托·巴尔德斯
- ●**外文名**：Victor Valdes
- ●**国籍**：西班牙
- ●**出生地**：巴塞罗那
- ●**出生日期**：1982年1月14日
- ●**身高**：1.83米 ●**场上位置**：守门员
- ●**主要荣耀**：2次萨莫拉奖、2次西甲最佳门将奖、6次西甲联赛冠军、2次国王杯冠军、6次西班牙超级杯冠军、3次欧洲冠军联赛冠军、2次欧洲超级杯冠军、2次世俱杯冠军、1次世界杯冠军、1次欧洲杯冠军

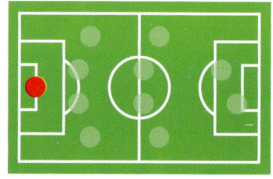

梦幻星河
Dream Galaxy

NO.31 SUPER STAR

小白
安德雷斯·伊涅斯塔
Andrés Iniesta

● 2002—2018 年代表巴萨出场 674 次进 57 球

如果足球是一场华丽的游戏，那么伊涅斯塔就是在用一种最纯粹的方式来诠释足球的奢华。他在球场上具有独一无二的空间感、无与伦比的解读比赛的能力、人球合一的神奇表演。大多数人可能从 2009 年才开始关注他，事实上，这名中场艺术家在 2002 年就在诺坎普登场了。

1996 年，12 岁的伊涅斯塔参加西班牙布鲁内特举办的少年杯赛，其出色的表现被巴萨球探发现，并邀请到拉玛西亚踢球。从那时起，伊涅斯塔就成为巴萨少年队的一员，而他的足球生命就和红蓝色的巴萨紧密联系在一起。

伊涅斯塔以"神童"的身份进入巴塞罗那俱乐部后，在各级青年队中进步飞快，年仅 18 岁就被时任巴萨主帅范加尔一手破格提拔到一线队。

2002 年欧冠联赛对阵比利时布鲁日的比赛中，伊涅斯塔完成了成年队的首秀。接下来的几年，伊涅斯塔逐步成长为巴萨的中流砥柱。

2004/2005 赛季，里杰卡尔德治下，伊涅斯塔几乎全勤，总共 38 场的联赛中出场 37 场。虽然多数作为替补登场，依然为巴萨夺得 1999 年以来的首个联赛冠军立下了汗马功劳。

接下来一个赛季，哈维受重伤，伊涅斯塔代替哈维成为巴萨中场核心，率领巴萨卫冕联赛冠军。当年在巴黎王子公园球场进行的欧冠决赛，伊涅斯塔替补登场，并策动了埃托奥扳平比分的进球。最终巴萨以 2 比 1 取胜，站上欧洲之巅，开启了众所周知的"梦二"时代。

2008 年，里杰卡尔德未能带领巴萨赢得任何一项重要赛事的奖杯，"梦二"戛然而止。也是在那一年，诺坎普昔日的国王瓜迪奥拉接掌帅印，登基并开启了"Tiki-Taka"的"梦三"时代。

"梦二"时期，伊涅斯塔和巴萨已然趋于伟大，随之而来 2008/2009 赛季的辉煌璀璨更是让"梦三"时代臻于完美，成为足坛不朽的神话。2009 年在罗马、2011 年在伦敦，伊涅斯塔两次帮助巴萨夺得欧冠。给人留下最深印象的是 2009 年巴萨客场对阵切尔西的半决赛，伊涅斯塔在比赛最后时刻打入了致胜进球，因为这个戏剧性的进球，巴萨昂首走向罗马。

2008 年欧洲杯，"小白"以才华横溢的表现在国际赛场扬名，并被列入欧洲杯最佳阵容。西班牙国家队也在

1964 年之后，重夺欧洲杯。2010 年南非世界杯决赛上，伊涅斯塔攻入了西班牙历史上最有价值连城的进球。

2012 年，西班牙蝉联欧洲杯冠军，成就前无古人的王朝霸业。伊涅斯塔再次星光熠熠，掌握着"斗牛士军团"的进攻命脉，并荣膺欧洲杯最佳球员。

伊涅斯塔速度感好，脚下功夫细腻，变向速度快，护球能力极强，阅读比赛的能力超群，而且懂得用大脑踢球，他的大局观和传球精准度极好，他完全有能力接班哈维，扛起巴萨和西班牙国家队的领军重任。

2018 年 4 月 27 日，伊涅斯塔宣布在赛季结束后离开球队，结束 22 年的巴萨生涯。

2018 年 5 月 21 日，巴萨以 1 比 0 战胜皇家社会，伊涅斯塔在诺坎普球场完成了自己在巴萨生涯的最后一战。

在效力巴萨最后的一个赛季（2017/2018 赛季），伊涅斯塔出场 45 次，打入 2 粒进球。

2018 年 5 月底，"小白"加入日本神户胜利船，年薪高达 2500 万欧元，成为当时全球第四高薪的球员。

尽管伊涅斯塔在巴萨总是被梅西的光芒所遮掩，但不可否认，他是"红蓝军团"的核心巨星，伊涅斯塔几乎拿遍了所有冠军奖杯。作为巴萨几朝功勋元老，"小白"在诺坎普度过了最为辉煌的"宇宙流梦幻队"时光。

● **中文名**：安德雷斯·伊涅斯塔
● **外文名**：Andrés Iniesta
● **国籍**：西班牙 ● **出生地**：阿尔巴塞特
● **出生日期**：1984 年 5 月 11 日
● **身高**：1.71 米 ● **场上位置**：中场、前腰、左边锋
● **主要荣耀**：1 次欧洲最佳球员奖、1 次世界最佳中场奖、1 次西甲最佳球员奖、1 次马卡传奇奖、1 次欧冠联赛最佳球员奖、1 次西班牙最佳球员奖、1 次西甲最佳攻击型中场奖、9 次西甲联赛冠军、6 次国王杯冠军、7 次西班牙超级杯冠军、4 次欧冠联赛冠军、3 次欧洲超级杯冠军、3 次世俱杯冠军、1 次世界杯冠军、2 次欧洲杯冠军

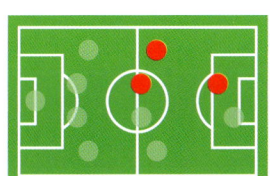

华丽舞者
罗纳尔迪尼奥
Ronaldinho

● 2003—2008 年代表巴萨出场 207 次进 94 球

小罗绝不是一个华而不实的表演者，他是一个将艺术足球和实用足球完美结合在一起的大师。一年包揽 FIFA "世界足球先生"、欧洲金球奖、世界职业球员联盟 "世界最佳球员" 3 项个人大奖。在巴萨俱乐部历史上，小罗也拥有举足轻重的地位。

1980 年 3 月 21 日，小罗出生在巴西的一个小城阿雷格里的一个具有强烈热爱足球的传统家庭中。父亲乔奥在他 8 岁的时候去世。就像很多巴西国脚的成长历程一样，罗纳尔迪尼奥每天最开心的生活就是去足球场踢球，而从贫民区的陋屋到球场则是他最常来往的路线。

1997 年，巴西 U17 青年队在埃及夺取了世青赛冠军，而小罗则成为冠军队的最佳射手。1999 年，他以 6 粒进球帮助巴西夺取美洲杯，并在国际足联的联合杯中攻入 6 球成为最佳射手。

2001 年 3 月，小罗以 1050 万欧元的超值收购转会法甲豪门巴黎圣日耳曼。小罗在巴黎 2 年的时间算不上功成名就，只获得一次国际托托杯冠军。但其个人实力也是众星捧月，威名赫赫。

2003 年 7 月，巴萨以 2500 万欧元转会费购入罗纳尔迪尼奥并签下 5 年合同。巴西人开始在这片足球沃土一展拳脚，他的到来也为困境中的巴萨注入新活力。

在同塞维利亚的比赛中，罗纳尔迪尼奥从后场带球直至门前 25 米外劲射破门，这是他在西甲的处子作。在欧洲联盟杯 8 比 0 大胜斯洛伐克普拉夫队的比赛中，罗纳尔迪尼奥上演 "帽子戏法"。

在西甲的第一个赛季，罗纳尔迪尼奥在各项赛事中为巴萨贡献了 22 粒进球，其中包括 14 粒联赛进球，而联赛下半程创造了 17 场不败的佳绩，这支沉睡 4 年的加泰罗尼亚豪门终于苏醒。

2004 年 8 月，罗纳尔迪尼奥在巴西 6 比 0 战胜海地的比赛中上演 "帽子戏法"。新赛季的巴萨引入德科、埃托奥、埃德米尔森和贝莱蒂等球员后为罗纳尔迪尼奥提供了更好的演绎空间。

2004 年 11 月，巴萨在诺坎普 2 比 1 战胜意甲豪门 AC 米兰，罗纳尔迪尼奥以眼花缭乱的虚晃令内斯塔无所适从，巴西人随即以劲射破门为巴萨带来胜利，这也令全场 9 万多名球迷霎时沸腾。3 周后，罗纳尔迪尼奥又率领巴萨 3 比 0 完胜西甲死敌皇马。最终巴萨提前两轮夺冠，这是巴萨 6 年来首夺联赛冠军，也是历史上第 17 次联赛冠军。巴萨以整个赛季积 84 分的成绩刷新了皇马在 2000/2001 赛季创造的 80 分的得分纪录。

2004 年罗纳尔迪尼奥力压亨利和舍甫琴科夺得了 "世界足球先生"，小罗的职业生涯受到最有价值的肯定。此外他还收获了国际职业球员协会与英国《世界足球》授予的 "世界最佳球员" 等重量级荣誉。

2005 年夏天，作为 "桑巴军团" 的核心，罗纳尔迪尼奥又率领巴西队夺取了联合会杯的冠军。紧接着在 2005/2006 赛季的西甲联赛第 12 轮的比赛中，小罗率领巴萨客场 3 比 0 完胜皇马，小罗精妙绝伦的技术与两个世界级进球甚至引来伯纳乌球迷的掌声。

罗纳尔迪尼奥能将视野、妙传和具有欺骗性的带球突破以及各种方式的射门在比赛中完美集合。而重要的是他几乎在任何比赛中都面带微笑作战，轻松的生活态度也同时感染着巴萨阵营中的队友，他们总能在轻松的氛围下弑杀对手于无形。

小罗是一个令人喜爱的天才，他的突出表现甚至可用梦幻来形容。看他的比赛对喜爱他的球迷而言则是一种特别的待遇。他标志性的过人动作 "牛尾巴"，堪称惊艳华丽。这个用脚踝来回一拨的动作，充分体现了球员对球的掌控能力和自身的协调性，被无数球迷所模仿，常以能做出这个动作为荣。

- ● 中文名：罗纳尔多·德·阿西斯·莫雷拉
- ● 外文名：Ronaldo de Assis Moreira
- ● 国籍：巴西 ● 出生地：阿雷格里港
- ● 出生日期：1980 年 3 月 21 日
- ● 身高：1.81 米 ● 场上位置：前腰、二前锋
- ● 主要荣耀：2 次世界足球先生、1 次欧洲金球奖、2 次世界最佳球员奖、1 次南美足球先生、1 次欧洲最佳前锋奖、1 次联合会杯银球奖、1 次联合会杯金靴奖、2 次西甲联赛冠军、2 次西班牙超级杯冠军、1 次意甲联赛冠军、1 次国际托托杯冠军、1 次欧洲冠军联赛冠军、3 次南美解放者杯冠军、1 次世界杯冠军、1 次美洲杯冠军

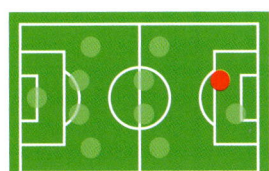

梦幻巴萨珍藏图纪 ●心若红蓝
Fútbol Club Barcelona

超级中场
安德森·德科
Anderson Deco

● 2004—2008 年代表巴萨出场 161 次进 22 球

全能、实用、朴实无华，这些都是安德森·德科在他巅峰岁月里的关键词，德科是现代足球全能中场的代表，进可攻、退可守，满足主教练布置的一切任务，兼备巴西人的技巧与欧洲人的纪律性。德科的定位球功夫堪称一绝，在脚法华丽的巴塞罗那队中，德科也会被授命主罚一些偏中路位置的任意球。

1977 年 8 月 27 日，德科出生在巴西圣贝纳多，在运动生涯早期，德科始终只能在小俱乐部里混，后来没能在国内被豪门赏识的他只能到葡萄牙试试运气，没想到这次闯荡居然成功了。

1999 年，22 岁的德科加盟波尔图队，随后便逐渐成为球队的中场核心。巴西人的大局观和实用技术使得德科很快在球队树立了自己的位置，而在穆里尼奥的调教下，德科开始成为欧洲一流的攻击型中场。2004 年波尔图夺得冠军杯，德科厥功至伟。

德科在 2003/2004 赛季达到个人职业生涯巅峰，作为波尔图的 10 号球员，德科带领球队夺得联赛冠军和欧洲冠军杯冠军。尤其是在欧洲冠军联赛中，穆里尼奥以德科为攻防核心，球队 11 场不败，决赛 3 比 0 击败摩纳哥，德科攻入关键一球，球迷称其为"超级德科"，随后德科率领葡萄牙队在欧洲杯中一路冲进决赛，却意外输给超级黑马希腊，不过，德科凭借其优异的表现被巴塞罗那俱乐部招入帐中。

2004 年德科以 2000 万欧元天价从波尔图加盟巴萨，原本认为只能充当小罗替补的德科不声不响地接受了里杰卡尔德将自己安排在后腰位置上的决定，但是谁也没有料到这位貌不惊人的异乡人很快在后腰上找到了感觉，整个赛季德科的犯规位居西甲第一，但巴萨正是因为有了他才在后防线前筑起了可靠的屏障。

2004/2005 赛季，巴萨能捧回失去 6 年的联赛冠军，德科是当之无愧的功臣。2008 年夏天，德科被巴萨以 1100 万欧元的价格甩卖给切尔西，由于执教切尔西的是前葡萄牙主教练斯科拉里，因此德科来到斯坦福桥球场后马上就得到重用，只要没有伤病和停赛，这位葡萄牙国脚就是首发阵容中的绝对一员，他在中场和兰帕德、巴拉克的搭档也日臻成熟，切尔西也因他们三人的存在而组成新的中场组合。但由于受到年龄、伤病以及球队战术的影响，德科的状态渐渐下滑。

● **中文名**：安德森·德科 ● **外文名**：Anderson Deco
● **国籍**：葡萄牙、巴西
● **出生地**：圣贝纳多
● **出生日期**：1977 年 8 月 27 日
● **身高**：1.74 米 ● **场上位置**：中场
● **主要荣耀**：1 次葡萄牙足球先生、2 次西甲联赛冠军、2 次西班牙超级杯冠军、1 次英超联赛冠军、2 次足总杯冠军、1 次社区盾杯冠军、3 次葡超联赛冠军、3 次葡萄牙杯冠军、3 次葡萄牙超级杯冠军、2 次欧洲冠军联赛冠军、1 次欧罗巴联赛冠军、2 次巴甲联赛冠军

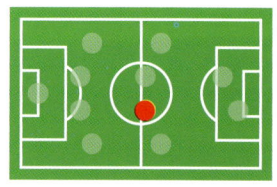

非洲猎豹
萨穆埃尔·埃托奥
Samuel Eto'o

● 2004—2009 年代表巴萨出场 232 次进 152 球

埃托奥绰号"猎豹",速度和爆发力极佳,具有极强的冲击力和突破能力。埃托奥的摆脱、无球跑动和冲刺速度,是最大的优势。只要有空间,埃托奥的威胁就会成倍增加,没有几个后卫可以在转身后追上埃托奥,非洲"猎豹"是反击中的利器。

另外,埃托奥脚下速率快,动作灵活敏捷,柔韧性也很好。而在对抗和头球方面,他虽难说有优势,但也都有一定的能力。埃托奥还习惯给对方后场球员持续施加压力,他让后卫们紧张,会利用对手出现的毫厘错误摧城拔寨。如果有必要,埃托奥会回追 40 米到本方禁区内断球。

埃托奥是一名高产射手,曾在五个赛季里为巴萨总进球超过 100 个。到 2009 年 6 月,他和里瓦尔多一起并列巴萨历史射手榜第三位。另外,他也是第二个两度在欧冠决赛中破门的球员。快速、强壮、直率,埃托奥在 23 岁已拥有丰富的经验。他对于进球有非同寻常的饥饿感,愿为球队的胜利做最大努力。埃托奥善于快速出球,摆脱盯防者,射门力量强劲,进球对于他来说是一种本能,射门的感觉仿佛在他的血液里流淌。此外埃托奥还是一个优秀的点球手。

埃托奥职业生涯的转折点是马洛卡,他在 2000 年初被皇马租借到该队,在 13 场里攻入 6 球。赛季结束后,埃托奥告别皇马,以 440 万英镑正式转会马洛卡。在这支球队,埃托奥一直效力到 2004 年,成为该队的联赛历史最佳射手(54 球),正式确立了自己西甲优秀前锋的地位。

2004 年夏天,巴萨以 2400 万欧元买进埃托奥,当时皇马也想买回埃托奥,但喀麦隆人最终选择了诺坎普。

2004 年 8 月 29 日,埃托奥在对桑坦德竞技的比赛中上演巴萨处子秀。在 2004/2005 赛季,巴萨夺取西甲冠军后的庆典上,埃托奥高喊"皇马、混蛋、来向冠军致敬"的口号,结果遭到西班牙足协罚款一万二千欧元。

2009 年夏天,埃托奥转会国际米兰,巴萨用他加上 4600 万欧元同国米交换了伊布拉希莫维奇,非洲"猎豹"从此披上了蓝黑球衣。并随"蓝黑军团"拿下了 2009/2010 赛季的"三冠王"。2011 年夏天,埃托奥转会至俄超的安郅俱乐部,成为当时世界第一高薪的球员。

● 中文名: 萨穆埃尔·埃托奥
● 外文名: Samuel Eto'o
● 国籍: 喀麦隆 ● 出生地: 杜阿拉
● 出生日期: 1981 年 3 月 10 日
● 身高: 1.80 米 ● 场上位置: 前锋
● 主要荣耀: 1次欧联最佳前锋奖、4次非洲足球先生、2次非洲杯金靴奖、1次欧冠最佳前锋奖、1次西甲联赛金靴奖、1次俄超联赛 MVP 奖、3次西甲联赛冠军、2次国王杯冠军、2次西班牙超级杯冠军、1次意甲联赛冠军、2次意大利杯冠军、1次意大利超级杯冠军、3次欧洲冠军联赛冠军、1次世俱杯冠军、2次非洲杯冠军、1次奥运会冠军

梦幻巴萨珍藏图纪 ●心若红蓝
Fútbol Club Barcelona

诺坎普天王
里奥·梅西
Lionel Messi

● 2004年至今代表巴萨出场701次进614球
（数据截止到2019年12月1日）

作为这个时代最伟大、最神奇的足球巨星之一，梅西身上聚合了太多的天赋特质，他灵动如风、凌波踏浪、回风雪舞、步步生辉……但回溯梅西近三十年的天王旅程，我们会发现，他的生命似乎只由阿根廷的蓝白与诺坎普的红蓝辉映而成。可以说，是巴萨的独具慧眼、悉心培养，才让这位昔日只有1.40米的瘦小少年，成长为如今的一代绿茵天王。同样，梅西将绝世惊天的满腔才华悉数反哺到红蓝巴萨，成就了一段"六冠王朝"的辉煌佳话。

梅西的职业生涯始于1995年的纽维尔斯老男孩，他在那里效力到2000年。13岁时，梅西飞越大西洋，到巴塞罗那追寻未来，加入了巴萨U14梯队。很快升入巴萨B队，并以创纪录的年龄进入一线队。

2003/2004赛季，16岁的梅西在巨龙体育场揭幕仪式对波尔图的友谊赛中首次代表一线队出场。2004年10月16日，梅西上演正式比赛处子秀，在奥林匹克球场出战对阵西班牙人的"同城德比"。2005年5月1日，梅西创造了巴萨历史上进球年龄最小的纪录——17岁10个月零7天（后来纪录又被博扬打破）。

2005/2006赛季开始前，梅西在甘珀杯对尤文图斯的比赛中技惊四座。遗憾的是，伤病使他缺席了后半个赛季，只参加了17场联赛、6场欧冠和2场国王杯，打进8球。2006/2007赛季，梅西更上一层楼，留下国王杯对赫塔费连过五人的传世之作。

2007/2008赛季他继续进步，40场比赛进16球，助攻10次。2008/2009赛季，没有了罗纳尔迪尼奥的陪伴，梅西成长为巴萨的头号明星。他做到了一赛季无伤，51场比赛打进38球，在国王杯和欧冠决赛中起到重要作用，两场决赛均为巴萨攻入决定胜利的进球。

2009/2010赛季他获得联赛最佳射手，并追平了罗纳尔多34球的单赛季进球纪录（1996/1997赛季）。在对阵拉普拉塔大学生队时拿下了俱乐部历史上第一个世俱杯冠军。2010/2011赛季他进一步发展，取得了53个进球。而在温布利举行的欧冠决赛中，像之前在罗马那一场决赛一样，梅西也起到了至关重要的作用，带领球队又创造了一个历史性的进步。

2011/2012赛季梅西迎来全面超越神迹的一年，他超过塞萨尔·罗德里格斯的232球纪录，成为巴萨俱乐部历史最佳射手。2012年5月5日，梅西在对阵西班牙人的比赛中延续着自己的神奇，成功将自己的单季联赛进球数刷新至惊人的50球。2011/2012赛季，梅西在其所参加的各项俱乐部赛事中均取得进球，一共打进了73球，帮助巴萨夺得西班牙超级杯、欧洲超级杯、世俱杯和国王杯。

2012年结束时，他创造了年度进球数纪录（91球），此前这一纪录由盖德·穆勒保持（1972年为德国队和拜仁慕尼黑打进85球）。2012年，梅西获得金球先生，完成四连冠，阿根廷球星成为历史上唯一一名四次赢得金球奖的球员。

2013/2014赛季，梅西各项赛事出场47次，打进43球，另外还贡献15次助攻，虽然这个数据已经非常出色，但是和他之前几个赛季的逆天数据相比还是逊色不少，最终球队也是四大皆空，没有拿到任何一座奖杯。

2014/2015赛季，梅西率领巴萨卷土重来。2015年4月19日，27岁零300天的梅西在对阵瓦伦西亚的比赛中打进了自己巴萨生涯的第400个进球，而他仅仅用了471场比赛，场均打入0.82球，这是极少数顶级球员才有的效率。2015年5月7日，欧冠半决赛首回合，巴萨主场3比0力克拜仁。梅西打入两球，以77球反超C罗（76球），重新坐回欧冠历史射手榜头把交椅。

2015年5月18日，西甲第37轮焦点战，凭借梅西禁区内二过一穿越数人的绝妙进球，巴萨客场1比0小胜马竞，领先4分的巴萨提前1轮夺得队史第23座西甲联赛冠军，这也是梅西效力巴萨11个赛季的第7个西甲冠军。

2015年5月30日，巴萨众将击败毕尔巴鄂获得国王杯决赛；6月6日，在柏林的欧冠决赛中又以3比1战胜战尤文图斯，获得了伟大的欧冠"三冠王"。

2015年8月12日，欧洲超级杯巴萨面对塞维利亚，梅西"梅开二度"，以5比4获得了冠军。这是巴萨历史第5次夺得欧洲超级杯冠军。

2015/2016赛季，梅西依旧延续着自己的辉煌。2016年1月12日，他第5次获得金球奖。2月18日，巴萨客场

● 中文名：里奥·安德雷斯·梅西
● 外文名：Lionel Andres Messi
● 国籍：阿根廷 ● 出生地：罗萨里奥
● 出生日期：1987年6月24日
● 身高：1.69米 ● 场上位置：边锋、前锋
● 主要荣誉：6次金球奖、1次世界足球先生、1次国际足联最佳男子球员奖、1次世界杯金球奖、2次欧洲最佳球员奖、6次欧冠金靴奖、6次西甲最佳球员、6次西甲联赛最佳射手、6次欧冠联赛最佳射手、10次西甲联赛冠军、6次国王杯冠军、8次西班牙超级杯冠军、4次欧冠联赛冠军、3次欧洲超级杯冠军、3次世俱杯冠军

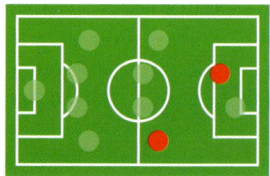

3比1击败希洪竞技,比赛中梅西"梅开二度",成为首位打入西甲300球的球员。此后梅西率领巴萨夺得西甲联赛冠军,队史第24次登顶西甲。虽然没有欧冠登顶,但此后连夺国王杯、西班牙超级杯双料冠军,巴萨也算功德圆满。

2016/2017赛季,即将步入而立之年的梅西决定蓄须染发,以"金毛狮王"的粗犷形象示人,昔日清纯小生的样貌早已不再。如今梅西形象颠覆式的改变令不少球迷揪心,然而更令球迷揪心的是梅西在场上的频繁伤病。2016年9月23日巴萨主场对阵马德里竞技,梅西右腿腹股沟位置拉伤,因此缺席3周,这已经是他在新赛季再一次受伤。

好在梅西伤愈归来,火力不减,2016年10月20日面对恩师瓜迪奥拉领衔的曼城,梅西用"帽子戏法"加一次助攻的天神下凡般的表现统治了比赛,向球迷证明了自己才是诺坎普绝对的王者。他也凭借此战完成了在欧冠中的背靠背"帽子戏法"。另外,这也是梅西职业生涯中的第41次"帽子戏法",同样也是他在欧冠中的第7次"帽子戏法",位列欧冠第1位。

"梅西就是最好的战术!"《世界体育报》面对如此神迹这样感叹道……

2017年5月29日,西甲联赛战罢,梅西以37球(74分)获得2016/2017赛季欧洲金靴奖。这是他个人第四座金靴奖,追平了C罗的纪录。

2018年3月4日,梅西在对阵马竞的比赛中打进任意球,连续3轮

西甲比赛打进直接任意球,这粒进球也是梅西职业生涯的第600粒进球。2018/2019赛季,梅西共打进51球,成功卫冕欧洲金靴奖。

2019年9月24日,梅西凭借上赛季的优异表现,力压C罗和范迪克,获得国际足联最佳男子球员奖。

2019/2020赛季,梅西遭遇伤病困扰,状态起伏不定。直到2019年10月2日欧冠第2轮主场对阵国际米兰时,梅西状态逐渐回升,那场比赛他在第84分钟中场得球后,连过三人并助攻苏亚雷斯完成绝杀。

随后,梅西又在10月5日西甲第8轮对阵塞维利亚的比赛中,以一记任意球完成赛季首粒进球。这是他在西甲的第420粒进球,打破了C罗保持的欧洲五大联赛总进球纪录。

2019年11月10日西甲第13轮,巴萨主场以4比1轻取维戈塞尔塔,梅西上演"帽子戏法",三粒进球包括两个任意球和一记点球。

12月2日,西甲第15轮强强对话,梅西在第86分钟绝杀马德里竞技,率领巴萨豪取三连胜,领跑西甲群雄。

12月3日,在法国巴黎举办的金球奖颁奖仪式上,梅西个人第六次获得金球奖,超越C罗(5次),成为获得金球奖次数最多的球员。

如今32岁的梅西依旧保持巅峰状态,"王者归来"的戏码正在梅西身上上演,他的传奇还远未结束……

梦幻巴萨珍藏图纪 ●心若红蓝
Fútbol Club Barcelona

NO.36 SUPER STAR
海布里之王
蒂埃里·亨利
Thierry Henry

● 2007—2010 年代表巴萨出场 121 次进 49 球

他是阿森纳兵工厂火力最凶猛的枪手，他在海布里球场参加了 369 场比赛，攻入 226 球，是不折不扣的"海布里之王"。拥有无与伦比的优雅技艺和高效率，不管是在法国国家队，还是在俱乐部，亨利都有非凡的表现。

2007 年 7 月亨利首度披上巴萨 14 号球衣，与小罗、梅西及埃托奥合称"神奇四侠"。亨利在加盟巴萨的首个赛季便打入 19 球，成为首席射手。

在瓜迪奥拉上任后，亨利表现神勇，联赛中共打进 19 球，贡献 9 个助攻。巴萨相继赢得西甲联赛冠军、国王杯冠军和欧洲冠军联赛冠军，成就了"三冠王"的霸业。而亨利与梅西和埃托奥组成的"三叉戟"，全赛季共轰入超过 100 球，攻力相当惊人。接着亨利又帮助巴萨赢得西班牙超级杯冠军、欧洲超级杯冠军及世界冠军俱乐部杯冠军，完成世界足坛绝无仅有的一次"大满贯"。

2009/2010 赛季，随着年轻边锋佩德罗受到瓜迪奥拉的提拔，亨利不再是巴萨的正选，2010 年世界杯后，亨利远走美国大联盟加盟了纽约红牛队。

● **中文名**：蒂埃里·丹尼尔·亨利
● **外文名**：Thierry Daniel Henry
● **国籍**：法国　**出生地**：雷祖
● **出生日期**：1977 年 8 月 17 日　**身高**：1.88 米　**场上位置**：前锋
● **主要荣耀**：5 次法国足球先生、3 次英格兰足球先生、2 次欧洲金靴奖、4 次英超金靴奖、2 次西甲联赛冠军、1 次国王杯冠军、1 次西班牙超级杯冠军、2 次英超联赛冠军、3 次足总杯冠军、1 次欧洲冠军联赛冠军、1 次欧洲超级杯冠军、1 次世界杯冠军、1 次欧洲杯冠军

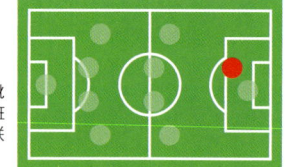

NO.37 SUPER STAR
华丽神塔
兹拉坦·伊布拉西莫维奇
Zlatan Ibrahimovic

● 2009—2010 年代表巴萨出场 46 次进 22 球

伊布年少成名，从小就展现出了非凡的运动天赋，除了足球，伊布在摔跤、跆拳道和网球运动上也都展现出了极佳的天赋。伊布 10 岁的时候，在当地一家叫"FK Balkan"的俱乐部开始了他的足球生涯。1995 年，伊布加入马尔默足球俱乐部，开始了正式的职业生涯。2001 年，伊布以创瑞典纪录的 780 万欧元价格转会荷兰豪门阿贾克斯。

在当时阿贾克斯主教练科曼的提拔下，瑞典人表现出众。2004/2005 赛季对伊布来说又是一个辉煌的赛季，在对布雷达队的比赛中，伊布连过七人打进了一粒不可思议的入球，被评为当年欧洲最佳入球。2004 年欧锦赛对意大利，他以一记"蝎子摆尾"一战成名。随后加盟尤文图斯，伊布逐渐成为世界第一中锋。2006 年尤文因"电话门"事件而降级，同年 8 月伊布转会国际米兰。

在梅阿查球场，伊布获得了 3 座意甲联赛冠军和 1 次最佳射手。2008/2009 赛季结束后，伊布为了梦寐以求的欧冠冠军，加盟了巴萨。虽然穿着红蓝战袍仅仅征战了一个赛季，但伊布还是在 29 场联赛中贡献 16 球，这个成绩还算不错。但巴萨的"小快灵"打法，伊布始终不太适应，加上与主帅不和，仅仅效力一个赛季后，伊布便重返亚平宁。

● **中文名**：兹拉坦·伊布拉西莫维奇
● **外文名**：Zlatan Ibrahimovic
● **国籍**：瑞典　**出生地**：马尔默
● **出生日期**：1981 年 10 月 3 日　**身高**：1.95 米　**场上位置**：中锋
● **主要荣耀**：1 次 FIFA 普斯卡什奖、3 次法甲最佳球员奖、9 次瑞典足球先生、2 次意大利足球先生、3 次法甲金靴奖、2 次意甲金靴奖、1 次西甲联赛冠军、2 次西班牙超级杯冠军、6 次意甲联赛冠军、3 次意大利超级杯冠军、4 次法甲联赛冠军、2 次法国杯冠军、3 次法国超级杯冠军

后防基石
杰拉德·皮克
Gerard Piquré

- 2008年至今代表巴萨出场515次进47球
（数据截止到2019年12月1日）

出身富豪之家的皮克是一名非常勤奋刻苦的职业球员，受训于拉玛西亚的皮克早年并未获得在巴萨出头的机会，在曼联、萨拉戈萨辗转四年让他逐渐成长为一名技术过硬的中后卫。在他重返巴萨后，迅速与普约尔构建起西班牙国家队和俱乐部的双料后防黄金组合。

回到巴萨的第一个赛季，皮克证明了俱乐部的选择是正确的。他成为主力中卫，在45场比赛中打入3球，还得到了"皮肯鲍尔"的绰号。在6比2战胜皇马的比赛中，皮克打入了最后一粒进球。

在巴萨的第二个赛季，他的表现渐入佳境，并成长为世界上最好的中后卫之一，与普约尔形成了固定搭档，并帮助俱乐部赢得了联赛冠军。

第三个赛季，由于米利托、普约尔和阿比达尔受伤，皮克成为防守核心人物。2010/2011赛季，皮克出战场次创新高，达到51次。那个赛季的欧冠联赛决赛中遇到老东家曼联，最终巴萨3比1胜出。

国家队方面，皮克在2009年对英格兰的比赛中完成国家队首秀，而正式比赛首秀则是2009年的南非联合会杯。皮克是西班牙夺得南非世界杯的主力成员，打满了每场比赛。他是西班牙夺冠的关键球员之一。

在获得3次西甲联赛冠军、2010年世界杯冠军、2012年欧洲杯冠军后，年仅25岁的皮克已获得21项大赛冠军，其中囊括了作为职业球员所能获得的全部荣誉，成为有史以来第32位大满贯足球运动员。

在普约尔退役后，皮克的状态略有下滑，但毫无疑问，他现在包括未来一段时间都是巴萨后防线上的基石。2015年1月25日，皮克第200次代表巴萨在联赛中出场，他交出了最完美的答卷。

2014/2015赛季，巴萨联赛不失球的场次达到13场，这与皮克的状态复苏有着直接的关系。本赛季联赛皮克打进5球，比上个赛季的2球多出了一倍。赛季结束后，皮克在这个赛季总共代表巴萨出场44次，打进7球，是单赛季进球最多的一个赛季。在做好防守的同时，他总是能找到破门得分的机会，"皮中锋"的称号名不虚传。

2018年8月11日，皮克从西班牙国家队退役，专心于巴萨俱乐部的赛事。在2018/2019赛季，皮克再度打进7球，成功帮助球队卫冕西甲冠军。

2018年1月18日，皮克再次与俱乐部延长了合同，直到2022年。

2019年8月25日，在巴萨以5比2击败皇家贝蒂斯的比赛中，他完成代表巴萨出场500场。如今巴萨正处在换血期，作为球队的资深大哥，皮克依然是后防不可或缺的定海神针。

- **中文名**：杰拉德·皮克·伯纳乌
- **外文名**：Gerard Piquré Bernabeu
- **国籍**：西班牙
- **出生地**：巴塞罗那
- **出生日期**：1987年2月2日
- **身高**：1.93米 ●**场上位置**：中后卫
- **主要荣耀**：1次西甲最佳后卫奖、8次西甲联赛冠军、6次国王杯冠军、6次西班牙超级杯冠军、1次英超联赛冠军、1次社区盾杯冠军、4次欧冠联赛冠军、2次欧洲超级杯冠军、3次世俱杯冠军、1次世界杯冠军、1次欧洲杯冠军

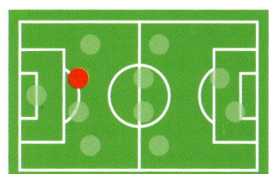

梦幻巴萨珍藏图纪 ●心若红蓝
Fútbol Club Barcelona

NO.39 SUPER STAR

内少
内马尔·达·席尔瓦
Neymar da Silva

● 2013—2017年代表巴萨出场186次进105球

内马尔出生于巴西圣保罗州，从小就是公认的足球天才。花哨的盘带技术和灵活飘忽的跑位是他的特点。他一直梦想着代表巴西队取得世界杯冠军，成为像贝利一样的球王。2003年，11岁的内马尔在桑托斯俱乐部开始足球生涯，很快就崭露头角，并于2009年从低级别梯队进入一线队，不久后他就成为球队主力，被评为巴甲联赛最佳新秀。

2009年，内马尔被评为巴西杯最佳球员，他以11个进球成为巴西杯头号得分手。2011年，内马尔已是球队举足轻重的人物，帮助桑托斯在南美解放者杯决赛以2比1击败乌拉圭的佩纳罗尔。2011年，桑托斯以南美解放者杯冠军身份参加世俱杯，虽然0比4输给巴萨，但内马尔被评为铜球奖，仅次于梅西和伊涅斯塔。

2009年，内马尔首次代表巴西青年队参加17岁以下赛事。2010年南非世界杯之后，他在对阵美国队的比赛里完成国家队首秀，当时他只有18岁，打进一球。他代表巴西国奥队参加了2012年奥运会，帮助球队一路杀进决赛，最终1比2不敌墨西哥队。

2013年夏天，内马尔在与巴萨签约之后，帮助巴西队击败了西班牙队，赢得了联合会杯冠军。内马尔在决赛里取得一粒进球，被评为那届赛事最有价值球员。

2013/2014赛季，内马尔代表巴萨出场41次打进15球，但球队四大皆空。在梅西和巴萨诸多巨星的光环下成长，虽然内马尔欧洲的处子赛季有一份完美的答卷，但是内马尔总是让人觉得离巨星还差那么一点。

2014年巴西世界杯，22岁的内马尔扛起了"桑巴军团"的进攻大旗。5场比赛4粒进球，这是内马尔人生首次在世界杯上交出的答卷，已经足够优异。

2014/2015赛季，巴西球星完美蜕变。不仅进球率较上赛季大幅提升，其进球关键性也有了显著上涨，各项比赛13次为球队首开纪录，与梅西并列第一。与拜仁的欧冠半决赛首回合，内马尔虽说是终场前压哨破门，但将比分扩大为3比0无疑算是提前宣告巴萨晋级。2015年4月欧冠1/4决赛两战巴黎，首回合客场3比1胜，内马尔率先破门。次回合主场2比0胜，内马尔独中两元。

在2015年6月的智利美洲杯赛上，内马尔帮助巴西队在首场比赛以2比1逆转秘鲁队。但由于在与哥伦比亚的比赛中同对方球员发生冲突，并在球员通道内怒骂主裁判而被禁赛4场，失意美洲杯。

凭借当家球星内马尔定海神针般的发挥，东道主巴西队在2016年的里约奥运会男足决赛中通过点球大战战胜劲敌德国队，拿到巴西历史上首枚男子足球奥运金牌。巴西队队长内马尔成了"桑巴军团"夺冠的最大功臣。

2017年3月8日，内马尔在欧冠1/8决赛次回合中表现突出，于3分钟内上演"梅开二度"，并在比赛仅剩20秒就完场时左脚妙传助攻沙治·罗伯托绝杀巴黎圣日耳曼。内马尔率领巴萨成为第一支首回合落后4球，成功完成逆转的球队。

但是，在巴萨表现突出的内马尔不愿意在梅西的阴影下踢球。于是，2017年8月，他以破纪录的2.22亿欧元转会巴黎圣日耳曼。雄霸一时的"MSN"自此风流云散，徒留一声叹息……

●中文名：内马尔·达·席尔瓦·儒尼奥尔
●外文名：Neymar da Silva Santos Junior
●国籍：巴西 ●出生地：摩基达斯克鲁易斯
●出生日期：1992年2月5日
●身高：1.75米 ●场上位置：前锋、边锋
●主要荣耀：2次南美足球先生、1次普斯卡什奖、1次欧冠金靴奖、1次南美解放者杯金靴奖、1次联合会杯金球奖、2次西甲联赛冠军、3次国王杯冠军、1次西班牙超级杯冠军、3次圣保罗州联赛冠军、1次世俱杯冠军、1次欧冠联赛冠军、1次欧洲超级杯冠军、1次南美解放者杯冠军、1次联合会杯冠军、1次奥运会男足冠军

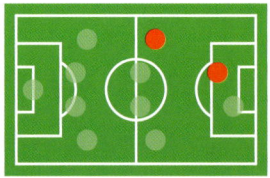

冷血杀神
路易斯·苏亚雷斯
Luis Suárez

● 2014 年至今代表巴萨出场 263 次进 187 球
（数据截止到 2019 年 12 月 1 日）

路易斯·苏亚雷斯的职业生涯开始于乌拉圭蒙得维的亚的民族俱乐部。在为民族俱乐部效力至 2006 年后，19 岁的苏亚雷斯转投荷兰格罗宁根俱乐部。一年后，苏亚雷斯就加盟阿贾克斯。2009/2010 赛季，他成为荷甲最佳射手。2011 年初，苏亚雷斯加盟利物浦。

在英格兰，苏亚雷斯再一次成为利物浦的头号射手。自从成为职业球员之后，苏亚雷斯的单赛季进球数就从未低于 10 球。在安菲尔德球场，苏亚雷斯成为一名不可阻挡的射手。他的进球数逐年增长。2013/2014 赛季，苏亚雷斯在 33 场比赛中打入 31 球，成为英超最佳射手。

苏亚雷斯也是乌拉圭国家队的绝对主力，他率领"天蓝军团"赢得 2011 年美洲杯冠军，并且当选为最佳球员。苏亚雷斯还与迭戈·弗兰一起率领乌拉圭晋级 2010 年南非世界杯半决赛。

苏亚雷斯兼具速度、不可预测性和突破能力，双脚都有着出色的射门技术，这往往让他能改变比赛的进程。他的全能性可以让他胜任 9 号位置，也可以踢两个边路。苏亚雷斯是世界上最好的前锋之一，也善于为队友助攻，事实上，在英超的 2013/2014 赛季，苏亚雷斯是助攻次数最多的球员之一。

2014 年 7 月 11 日，巴萨官方宣布签约苏亚雷斯，乌拉圭球星身披 9 号战袍征战诺坎普。但是，由于世界杯上的咬人事件，苏亚雷斯直到 10 月 26 日对阵皇马的"国家德比"中才迎来巴萨处子秀。他在比赛中助攻内马尔打进一球，尽管巴萨 1 比 3 不敌死对头，但"苏牙"的回归还是让巴萨球迷异常兴奋。

随着比赛越来越多，苏亚雷斯的状态越发神勇，他与梅西、内马尔的配合也日渐默契。

2014/2015 赛季，苏亚雷斯打进 25 球，这一数据比皇马两大巨星贝尔（15 球）和本泽马（21 球）都要好。

此外，2014/2015 赛季，他的助攻数也已达 20 个，成为梅西之后第 2 位达到这一数据的巴萨球员。值得一提的是，"苏神"的这 20 次助攻有 17 次分别给了梅西（9 次）和内马尔（8 次）。

自从加盟巴萨以来，苏亚雷斯屡次在与强队的比赛中有高光表现，已经成了球队不可或缺的大场面先生。以欧冠赛场为例，苏亚雷斯在客场与曼城的比赛中"梅开二度"，1/4 决赛对阵"大巴黎"再次独中两元，与拜仁的第二回合，苏亚雷斯两次助攻内马尔破门。

2015/2016 赛季，苏亚雷斯打进 40 粒进球，不仅个人赢得双料金靴奖（西甲金靴和欧洲金靴），还帮助球队再一次赢得"国内双冠王"（西甲联赛冠军和国王杯冠军）。

2018 年 1 月 22 日，巴萨以 5 比 0 大胜贝蒂斯的比赛中，苏亚雷斯两射两传，西甲生涯总进球破一百大关。

2018 年 10 月 28 日，巴萨主场迎战皇马，苏亚雷斯成为历史上第 11 位对皇马上演"帽子戏法"的巴萨球员。苏亚雷斯自加盟巴萨以来，是"国家德比"中的头号射手，九度洞穿皇马大门，成为皇马克星。

2019/2020 赛季初期，苏亚雷斯伤停，巴萨也战绩糟糕。2019 年 9 月 14 日，西甲第 4 轮，巴萨主场以 5 比 2 大胜瓦伦西亚，苏亚雷斯伤愈回归，替补出场后完成"梅开二度"。

之后苏亚雷斯状态快速回升，频频进球，而且个个精彩，包括客场以 2 比 0 轻取赫塔菲的"丝滑吊射"，主场 2 比 1 逆转国际米兰的"凌空斩"，以及 4 比 0 大胜塞维利亚的"倒挂金钩"。

2018/2019 赛季，在梅西伤停，格里兹曼和登贝莱状态不稳的情况下，苏亚雷斯 8 场比赛打进 6 球，成为巴萨最稳定的"大杀器"。

- **中文名**：路易斯·阿尔贝托·苏亚雷斯·迪亚斯
- **外文名**：Luis Alberto Suárez Díaz
- **国籍**：乌拉圭 ●**出生地**：萨尔托
- **出生日期**：1987 年 1 月 24 日
- **身高**：1.81 米 ●**场上位置**：前锋
- **主要荣耀**：1 次荷兰足球先生、1 次美洲杯金球奖、2 次英超最佳球员奖、1 次英超金靴奖、1 次荷甲金靴奖、1 次西甲金靴奖、2 次欧洲金靴奖、4 次西甲联赛冠军、4 次国王杯冠军、2 次西班牙超级杯冠军、1 次英格兰联赛杯冠军、1 次荷甲联赛冠军、1 次荷兰杯冠军、1 次欧冠联赛冠军、1 次欧洲超级杯冠军、1 次世俱杯冠军、1 次美洲杯冠军

泰斗宗师

巴萨历史十大名师

FÚTBOL CLUB BARCELONA

NO. 01 COACH 杰克·格林维尔
Jack Greenwell

● 1917—1923年、1931—1933年执教巴萨

取得荣誉
- 1918/1919赛季加泰罗尼亚冠军联赛冠军
- 1919/1920赛季加泰罗尼亚冠军联赛冠军
- 1919/1920赛季西班牙国王杯冠军
- 1920/1921赛季加泰罗尼亚冠军联赛冠军
- 1921/1922赛季西班牙国王杯冠军
- 1921/1922赛季加泰罗尼亚冠军联赛冠军
- 1931/1932赛季加泰罗尼亚冠军联赛冠军

个人资料
- 中文名：杰克·格林维尔
- 外文名：Jack Greenwell
- 出生日期：1884年1月2日
- 逝世日期：1942年11月20日
- 国籍：英格兰
- 出生地点：达勒姆郡克鲁克镇

这位来到加泰罗尼亚的英格兰籍主帅，是第一位载入巴萨官方史册的主教练。格林维尔一开始是从克鲁克镇来到巴萨踢球，而当约翰·布拉沃离开后，他接手成为球队主帅。

作为主教练他曾连续七个赛季指挥球队，这个纪录直到后来被克鲁伊夫打破。格林维尔执教的第一年，一群俱乐部会员就要求他辞职，但球队主席汉斯·甘伯一直在维护他，最终他赢得两座西班牙国王杯和五个加泰罗尼亚地区联赛冠军。格林维尔执教巴萨的第二个时期，他赢得的冠军数量不如第一次执教，只赢得了一次加泰罗尼亚地区联赛冠军。

NO. 02 COACH 费迪南德·道西克
Ferdinand Daucik

● 1950—1954年执教巴萨

取得荣誉
- 1950/1951赛季西班牙国王杯冠军
- 1951/1952赛季西班牙甲级联赛冠军
- 1951/1952赛季西班牙国王杯冠军
- 1951/1952赛季西班牙超级杯冠军
- 1951/1952赛季拉丁杯冠军
- 1952/1953赛季西班牙甲级联赛冠军
- 1952/1953赛季西班牙国王杯冠军

个人资料
- 中文名：费迪南德·道西克
- 外文名：Ferdinand Daucik
- 出生日期：1910年5月30日
- 逝世日期：1986年11月14日
- 国籍：奥匈帝国
- 出生地点：沙希镇

费迪南德·道西克和自己的小舅子库巴拉一起来到巴塞罗那俱乐部，从1950年到1954年他一直都在执教球队。他执教巴萨的初期非常艰难，他的一些决定也非常不走运，但是当库巴拉开始出场比赛的时候，他的运气彻底改变了，巴萨变成了一架进球机器。

道西克令人艳羡的荣誉簿上记下了西甲联赛冠军、拉丁杯冠军、西班牙国王杯冠军和一座西班牙超级杯。

1953/1954赛季，在与一些球员发生冲突后，道西克只能从俱乐部的后门离开，巴萨传奇主帅也就此画上句号。

泰斗宗师
The Grand Masters

埃拉尼奥·埃雷拉
Helenio Herrera

● 1958—1960 年、1979—1981 年执教巴萨

取得荣誉
- 1958/1959 赛季西班牙甲级联赛冠军
- 1958/1959 赛季西班牙国王杯冠军
- 1958/1959 赛季城市博览会杯冠军
- 1959/1960 赛季西班牙甲级联赛冠军
- 1959/1960 赛季城市博览会杯冠军
- 1980/1981 赛季西班牙国王杯冠军

个人资料
- 中文名：埃拉尼奥·埃雷拉
- 外文名：Helenio Herrera
- 出生日期：1910 年 4 月 10 日
- 国籍：阿根廷
- 出生地点：布宜诺斯艾利斯

被称为"巫师"的埃拉尼奥·埃雷拉为巴塞罗那俱乐部史上留下过伟大的一笔。

埃雷拉曾有过很多著名语录，比如"10 个球员能比 11 个踢得更好"以及"甚至在没有教练的情况下，我们也能赢得比赛"。在埃雷拉执教的前两个赛季，巴萨欧战成绩着实令人惊讶。

埃雷拉于 1958 年 4 月 22 日正式在巴萨走马上任。在这两年间，他一共为俱乐部赢得两个联赛冠军、一个国王杯冠军和两座博览会杯。不过，埃雷拉的教练生涯也并非一帆风顺。他一直在与拉迪斯劳·库巴拉竞争，并且逐渐失去人心。尽管第二年巴萨再次获得联赛冠军，但是在输给永远的对手皇马之后，球队未赢得欧洲冠军杯，于是，埃雷拉很快结束了这段教练生涯。

不过，他教练生涯最辉煌的时光紧接着出现了，在国际米兰执教期间，他赢得了欧洲冠军杯和洲际杯，缔造了"大国际"时代。1979/1980 赛季，埃雷拉重新返回巴萨接替华金·里费，再度接过教鞭。

里努斯·米歇尔斯
Rinus Michels

● 1971—1975 年、1976—1978 年执教巴萨

取得荣誉
- 1971 年国际城市博览会杯
- 1973/1974 赛季西班牙甲级联赛冠军
- 1977/1978 赛季西班牙国王杯冠军

个人资料
- 中文名：里努斯·米歇尔斯
- 外文名：Rinus Michels
- 出生日期：1928 年 2 月 9 日
- 逝世日期：2005 年 3 月 3 日
- 国籍：荷兰
- 出生地点：阿姆斯特丹
- 身高：1.86 米

特别链接：米歇尔斯是 20 世纪 70 年代著名的足球教练，是荷兰全攻全守足球的创造者。米歇尔斯在 1946 年至 1958 年效力于阿贾克斯俱乐部，在 257 场联赛中打进 120 个进球。获得了荷兰国内的 5 座奖杯。在 1971 年，米歇尔斯作为教练带领阿贾克斯获得了欧洲冠军杯冠军。在 1974 年他带领荷兰队闯入世界杯决赛。1988 年他更带领荷兰队获得了欧洲足球锦标赛冠军，而后宣布离职。

正如他的绰号"冷酷先生"一样，米歇尔斯一来到巴萨球队，便对更衣室进行严格的纪律整治。在他执教的第一个赛季，并没有取得很大的成功。虽然是全攻全守足球的创造者，并在荷兰国家队和阿贾克斯均取得了巨大的成功，但在西班牙，这套战术的威力并没有完全展现出来。联赛当中，对阵科尔多瓦的意外失利，让他们丢掉了联赛冠军。

接下来的一个赛季跟第一个赛季或多或少有几分相似，球队没有赢得任何荣誉。"红蓝军团"的球迷不得不继续等待，直到约翰·克鲁伊夫和内斯肯斯的到来，他们才重新看到夺冠的希望。有了他们的存在，米歇尔斯的全攻全守战术才能天衣无缝地得以展示，1973/1974 赛季巴萨夺得了暌违了 14 年之久的西甲联赛冠军。但 1974/1975 赛季球队又遭遇低谷状态，这一赛季球队没有获得任何冠军。此时此刻，米歇尔斯决定结束他在巴萨执教的第一阶段，不过他很快在 1976 年再度归来。米歇尔斯在 1977/1978 赛季为俱乐部赢得了他执教的第三个冠军——西班牙国王杯，这也成为他在巴萨执教的绝唱。

2005 年 3 月 3 日，米歇尔斯于比利时阿尔斯特市医院因心脏手术后引起并发症逝世，享年 77 岁。

约翰·克鲁伊夫
Johan Cruyff

● 1988—1996 年执教巴萨

取得荣誉
- 1989/1990 赛季西班牙国王杯冠军
- 1988/1989 赛季欧洲优胜者杯冠军
- 1990/1991 赛季西班牙甲级联赛冠军
- 1990/1991 赛季西班牙超级杯冠军
- 1991/1992 赛季西班牙甲级联赛冠军
- 1991/1992 赛季欧洲冠军杯赛冠军
- 1991/1992 赛季欧洲超级杯冠军
- 1991/1992 赛季西班牙超级杯冠军
- 1992/1993 赛季西班牙甲级联赛冠军
- 1993/1994 赛季西班牙甲级联赛冠军
- 1993/1994 赛季西班牙超级杯冠军
- 1993/1994 赛季欧洲冠军联赛亚军

个人资料
- 中文名：约翰·克鲁伊夫
- 外文名：Johan Cruyff
- 出生日期：1947 年 4 月 25 日
- 国籍：荷兰
- 出生地点：阿姆斯特丹
- 身高：1.78 米

特别链接：约迪·克鲁伊夫是约翰·克鲁伊夫的儿子，小克鲁伊夫继承了父亲的天赋，在阿贾克斯开始展示自己的才华。1993 年，15 岁的小克鲁伊夫加盟巴萨，总共出场 54 场，打进 11 球。由于不喜欢总在父亲光环的笼罩下，1996 年夏天小克鲁伊夫转会至红魔曼联。后来，小克鲁伊夫只能在西甲的中游球队混迹，虽然也偶有作为，但无法登上职业生涯的顶峰。

在克鲁伊夫重回巴萨之前，他已具备相当丰富的执教经验。克鲁伊夫在 1986 年执教阿贾克斯，拿到荷兰杯冠军，随后一年率队夺得欧洲优胜者杯冠军。在荷兰，克鲁伊夫推行的攻势足球广受赞誉，而且他在人才挖掘方面功勋卓著，他挖掘了范·巴斯滕、博格坎普等天才球员。

终于"飞人"约翰·克鲁伊夫于 1988/1989 赛季以主教练的全新身份重回俱乐部。克鲁伊夫接手球队时面对的是一个糟糕赛季后留下的烂摊子，荷兰人着眼未来、意欲打造全新的巴萨品牌，他将进攻型打法灌输到球队每个角落，他大力提拔年轻球员、使每个青年队球员都有机会赴一队踢球。克鲁伊夫的改革获得了巨大成功。

克鲁伊夫执掌巴萨帅印八年间，为球队呕心沥血。1991 年 1 月 27 日，他因长年过度吸烟而接受心脏手术，这是个转折性的时刻。

克鲁伊夫手术成功之后，球队也开始渐入佳境，巴萨最终在温布利捧得俱乐部历史上第一座欧洲冠军联赛奖杯。球队还连续四个赛季问鼎西甲联赛冠军，那支球队被人们称为誉满全球的"梦之队"。

然而，荷兰人执教巴萨最后的两个赛季并不特别成功，球队仅赢得了一座奖杯。最终克鲁伊夫和主席何塞普·路易斯·努涅斯的矛盾公开化，最终他选择离开俱乐部。

克鲁伊夫当时所带来的"433 控球进攻"的打法，亦一直持续到了现在。诚如巴萨当前中场核心哈维所言，巴萨的打法自二十年前克鲁伊夫之后便再未有大的变更。这套打法不仅被巴萨成年队所执行，亦在巴萨各级青年队当中推行，这也使得巴萨青年队每名球员一进入一线队便能迅速适应打法融入球队。正因为如此，克鲁伊夫被称为巴萨的"足球教父"。

泰斗宗师
The Grand Masters

博比·罗布森
Bobby Robson

NO. 06 COACH

● 1996—1997 年执教巴萨

取得荣誉
- 1996/1997 赛季西班牙超级杯冠军
- 1996/1997 赛季西班牙国王杯冠军
- 1996/1997 赛季欧洲优胜者杯冠军

个人资料
- 中文名：博比·罗布森
- 外文名：Bobby Robson
- 出生日期：1933 年 2 月 18 日
- 逝世日期：2009 年 7 月 31 日
- 国籍：英格兰
- 出生地点：达拉谟郡

特别链接：博比·罗布森率领伊普斯维奇获得了 1978 年的足总杯冠军和 1981 年欧洲联盟杯冠军。逝世后罗布森的铜像立于在伊普斯维奇俱乐部的主场波特曼路球场前。

特别链接：名帅穆里尼奥年轻时曾为当时任波尔图主教练的博比·罗布森担任翻译，穆里尼奥从中掌握了很多战术理念，后来博比·罗布森转至西甲的巴萨，深得博比·罗布森器重的穆里尼奥也随行至西班牙，担当球队的助理教练，在巴萨期间穆里尼奥从博比·罗布森和范加尔两任主帅执教过程中学习了不少执教的知识。

在近 20 年的职业球员生涯中，他曾为两支英格兰球队效力，富勒姆和西布罗姆维奇，在场上司职二中锋。同时，他代表英格兰足球代表队出场 20 次，并打入 4 球。职业生涯晚期他来到加拿大，效力于当地球队皇家温哥华，在 1968 年宣告退役后，便成了足球教练。

1996 年夏天，英国绅士从葡萄牙波尔图队来到巴萨取代克鲁伊夫，显然他面临着艰难的挑战。

罗布森的战术思想广受非议，他执教巴萨的第一个赛季便很难享受片刻轻松。然而，英国教练还是力排众议，最终在国内联赛排名第二。

欧洲赛场上，带领巴萨以 1 比 0 击败巴黎圣日耳曼，夺得了俱乐部历史上第四座，亦是最后一座欧洲优胜者杯冠军。巴萨当赛季在伯纳乌球场 3 比 2 击败贝蒂斯夺得国王杯冠军的场面令人印象深刻，当然半决赛球队在诺坎普的表现也非常精彩。

执教巴萨期间，英国人挖掘了无与伦比的罗纳尔多，因此罗布森在大多数巴萨支持者心中占据着难以取代的地位。罗布森于 1998 年夏天离开巴萨，到荷兰埃因霍温俱乐部执教。

罗布森于 2002 年被授勋为 CBE（大英帝国司令勋章），获选为英格兰足球名人堂的成员，亦成为伊普斯维奇的荣誉主席。

博比·罗布森是一位成功的足球教练，从 1968 年至 2004 年共 36 年的执教生涯中，几乎每到一个俱乐部都能为其带来冠军。他的足迹遍布欧洲各个角落，除了英格兰本土，还涉及葡萄牙、西班牙和荷兰。

2009 年博比·罗布森公开宣布其肺癌已到晚期，同年 7 月 31 日去世，享年 76 岁。随即巴萨官方声明："整个巴塞罗那都在哀悼。执教巴萨期间，罗布森赢得了球队所有支持者的喜爱，他是足球世界里真正的传奇。"

路易斯·范加尔
Louis van Gaal

● 1988—1996 年、2002—2003 年执教巴萨

取得荣誉
- 1997/1998 赛季欧洲超级杯冠军
- 1997/1998 赛季西班牙甲级联赛冠军
- 1997/1998 赛季西班牙国王杯冠军
- 1998/1999 赛季西班牙甲级联赛冠军

个人资料
- 中文名：路易斯·范加尔
- 外文名：Louis van Gaal
- 出生日期：1951 年 8 月 8 日
- 国籍：荷兰
- 出生地点：阿姆斯特丹
- 身高：1.85 米

1991/1992 赛季范加尔成为阿贾克斯主教练，在这期间，范加尔奠定了自己的执教特色，那就是大胆提拔和信任年轻球员，推崇攻势足球，对球队纪律有着严格的要求。战术思想上沿袭荷兰攻势足球的传统，采用"4-3-3"和"3-4-3"的压迫式打法，重视边路进攻和整体队形的保持，球队进攻时传递流畅、跑位积极、观赏性强。他是一位很具思想和个性的足球教练。

1994/1995 赛季阿贾克斯赢得欧冠联赛冠军和荷兰超级杯冠军，次年又拿下荷甲冠军、荷兰超级杯、欧洲超级杯和丰田杯冠军。阿贾克斯成为欧洲最优秀的球队，从而培养了诸如克鲁伊维特、奥维马斯、范德萨、德波尔兄弟、利特马宁、卡努、戴维斯等青年才俊。

1998 年夏天，一身荣耀的范加尔以克鲁伊夫接班人的身份，来到巴萨。范加尔刚刚来，队中的头号射手罗纳尔多就因为和俱乐部的矛盾转会到了国际米兰，范加尔则引进了里瓦尔多和索尼·安德森两名巴西人来顶替"外星人"留下的空缺。此外范加尔还带来了自己在阿贾克斯的三名荷兰旧部：博加德、赫斯普和雷兹格尔加强后防。

范加尔执教巴萨的第一个荣誉是欧洲超级杯冠军，随后的 1997/1998 赛季，巴萨获得了西甲联赛和国王杯的"双冠王"，这是巴萨 39 年来首次获得"国内双冠王"。

第二个赛季，范加尔又一口气为巴萨引进了五名荷兰球员，分别是科库、德波尔兄弟、克鲁伊维特以及岑登，打造了一个强大的"荷兰帮"。但在欧冠赛场上，巴萨最终陷入了有拜仁和曼联的死亡之组，最终连续第二年小组赛出局。不过球队在联赛中保持了极强的统治力，最终以 11 分的巨大优势力压皇家马德里，蝉联西甲联赛冠军。

在经历了两个成功的赛季后，范加尔和球队内部的矛盾逐渐加深。里瓦尔多非常不满范加尔给他设定的左边锋的位置，两人关系逐渐恶化。在那个赛季，球队在欧冠和国王杯双线失利，没能拿下任何锦标。

范加尔执教巴萨虽然争议颇多，但是球队仍然取得了不错的成绩。而且范加尔善于挖掘并培养青年才俊，日后成为巴萨核心球员的普约尔和哈维都是在这一时期被范加尔提拔进入一线队的。

离开巴萨后，范加尔对俱乐部为他圆梦而表达了感谢："对我来说，这是件非常值得骄傲的事情，因为这是我当年执教时的一个心愿。我和很多青训球员有接触，我给他们不少出场机会。现在队中不少核心都是在我手下开始职业生涯的，对于这一点我很满足。"

当巴萨连续三个赛季未能取得一座奖杯后，2002/2003 赛季巴萨主席加斯帕特将范加尔重新请回巴萨。由于球队没能为他引进所需要的球员，因此巴萨联赛开局极其糟糕，整个联赛前半程的 19 场比赛仅拿到 6 胜 5 平 8 负的战绩，虽然他带领巴萨在欧冠中创造十连胜的惊人纪录，但球队整体的低迷表现依然让范加尔在 2003 年 1 月下课。

泰斗宗师
The Grand Masters

弗兰克·里杰卡尔德
Frank Rijkaard

● 2003—2008 年执教巴萨

取得荣誉
- 2003/2004 赛季加泰罗尼亚杯
- 2005/2006 赛季西班牙甲级联赛冠军
- 2004/2005 赛季加泰罗尼亚杯
- 2005/2006 赛季西班牙甲级联赛冠军
- 2005/2006 赛季欧洲冠军联赛冠军
- 2005/2006 赛季西班牙超级杯
- 2006/2007 赛季西班牙超级杯
- 2006/2007 赛季加泰罗尼亚杯

个人资料
- 中文名：弗兰克·里杰卡尔德
- 外文名：Frank Rijkaard
- 出生日期：1962 年 9 月 30 日
- 国籍：荷兰
- 出生地点：阿姆斯特丹
- 身高：1.90 米

特别链接：2004 年 10 月 14 日，对于里奥·梅西是个值得纪念的日子，西甲联赛第六轮，巴萨客场 1 比 0 战胜西班牙人。比赛第 83 分钟，身披 30 号球衣的小将替换下 20 号德科，他就是年仅 17 岁 114 天的梅西，刷新了球队历史上最年轻球员出场纪录。

弗兰克·里杰卡尔德在 2003 年夏天接替拉多米尔·安蒂奇，成为巴萨的主教练。里杰卡尔德与同事以及球员的沟通方式非常开放，他的足球理念来自荷兰的攻势足球，特点就是强调持续给对方施压，以及加强边路的进攻。

里杰卡尔德无论场上还是场下都能以身作则，因此他的做事方式也赢得所有人的尊敬。

当时俱乐部已经四个赛季一无所获，在经历了一个糟糕的上半赛季后，在 1 月转会市场上引进荷兰中场戴维斯成为一个转折点。里杰卡尔德就此巩固了自己的战术体系，球队也在联赛中攀升到第二名的位置。

2004/2005 赛季，随着埃托奥、德科、拉尔森、久利等人的到来，球队实现了质的飞跃，在联赛还剩 3 轮的情况下，客场战胜了莱万特并提前夺冠。

2005/2006 赛季里杰卡尔德达到了执教生涯的顶峰，欧冠比赛中他的球队在斯坦福桥和圣西罗打出了令人难忘的比赛。最终在巴黎 2 比 1 逆转阿森纳，赢得了球队历史上第二座欧冠奖杯，同时巴萨也在联赛中成功卫冕，其中就包括壮观的 14 连胜，另外在欧洲超级杯的比赛中也击败了皇家贝蒂斯。2006 年，里杰卡尔德当之无愧地被国际足联评选为世界最佳教练。

2006/2007 赛季是令球迷们失望的一个赛季，巴萨在欧冠 1/8 决赛被利物浦淘汰。联赛中虽然与皇马积分相同，但由于直接交锋中处于劣势，因此巴萨没能连续三个赛季问鼎冠军。同样的痛苦还在国王杯半决赛中上演，巴萨被赫塔费淘汰，此外塞维利亚和巴西国际也分别在欧洲超级杯和世俱杯中击败了巴萨。那个赛季仅有的两个冠军是西班牙超级杯和加泰罗尼亚杯。

2007 年夏天亨利、图雷、阿比达尔和米利托来到球队，这意味着巴萨在牌面上已经是历史最好的球队之一，但最终都是因一球之差，而无缘欧冠和国王杯的决赛。由于伤病导致减员，球队在联赛中也没能达到预期，最终只排在第 3 位。

里杰卡尔德共率领巴萨在联赛中赢得了 112 场比赛，让自己跻身俱乐部主帅获胜场次的第二位，仅次于克鲁伊夫的 183 场。

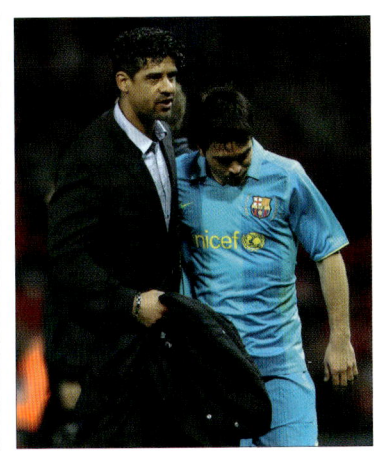

梦幻巴萨珍藏图纪 ●心若红蓝
Fútbol Club Barcelona

何塞普·瓜迪奥拉
Josep Guardiola Sala

● 2008—2012年执教巴萨

取得荣誉
- 2008/2009赛季西班牙甲级联赛冠军
- 2008/2009赛季西班牙国王杯冠军
- 2008/2009赛季欧洲冠军联赛冠军
- 2009/2010赛季西班牙甲级联赛冠军
- 2009/2010赛季欧洲超级杯冠军
- 2009/2010赛季西班牙超级杯冠军
- 2010年国际足联世界俱乐部杯冠军
- 2010/2011赛季西班牙甲级联赛冠军
- 2010/2011赛季欧洲冠军联赛冠军
- 2010/2011赛季西班牙超级杯冠军
- 2011/2012赛季西班牙超级杯冠军
- 2011/2012赛季欧洲超级杯冠军
- 2012年国际足联世界俱乐部杯冠军

个人资料
- 中文名：何塞普·瓜迪奥拉
- 外文名：Josep Guardiola Sala
- 出生日期：1971年1月18日
- 国籍：西班牙
- 出生地点：桑特佩多
- 身高：1.80米

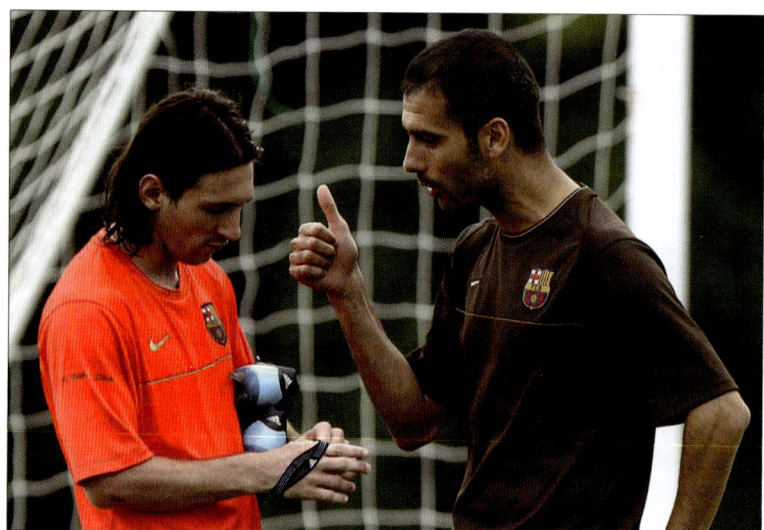

瓜迪奥拉在巴萨度过了一个非常成功的球员生涯后，担任了巴萨B队的主教练，在成功将巴萨B队带到西班牙乙级联赛后，于2008年6月17日接过一线队主教练的帅印。

在率领球队赢得首个甘伯杯的那天，瓜迪奥拉说道："我不能向你们保证夺冠，但我将会率领这支球队一直战斗到最后，球迷们也将会为这支队伍感到骄傲。"

事实证明他说到也能做到，在执教巴萨的首个赛季，便拿到了球队史无前例的"六冠王"。成为巴萨球队历史上最年轻、最成功的主教练。

作为球队历史上第13位出自加泰罗尼亚的本土教练，瓜迪奥拉结束了球队长达两个赛季的冠军荒，跟他球员时代巴萨所坚持的战术一样，也是"4-3-3"战术，他把巴萨的"Tiki-Taka"战术发挥到了极致。因此他在巴萨取得了巨大的成功。

瓜迪奥拉的足球理念中只有一个原则，那就是进攻、控球以及将皮球传递起来，这样对手就只能追着皮球跑。

就像他在巴萨B队做到的那样，在与任何球队交锋时，他的球队在射门次数和控球时间上都要大大高于对方，他强调为了球队整体利益，球员们必须付出努力和牺牲部分个人利益，他将足球看作一项团队运动，而他更为比赛结果承担最直接的责任，因此他也是整支球队的真正领袖。

出色的执教成就也意味着在克鲁伊夫和萨米蒂尔之后，瓜迪奥拉成为巴萨第三位以球员和主教练身份率领巴萨夺得联赛冠军的人物，他也成为欧洲历史上第六位以球员和主教练身份夺得欧冠联赛冠军的人物。

能够在一年之内夺得所有六项赛事的冠军，也使他成为21世纪以来首次达到这一成就的主帅，在国际足联金球奖评选中他毫无争议地获得了2011年度最佳主帅。

在2009/2010赛季，球队蝉联了西甲冠军。该赛季拿到的99个联赛积分也创造了新的纪录。联赛冠军直到赛季最后一天对巴拉多利德的比赛中才最终决出，而在这天晚上，巴萨球迷就在诺坎普球场组织了大规模的庆祝活动。

瓜迪奥拉不仅激发了梅西、哈维和伊涅斯塔的最大能量，还提拔了拉玛西亚很多的青年才俊，如佩德罗、布斯克茨和蒂亚戈等。

路易斯·恩里克
Luis Enrique

● 2014—2017 年执教巴萨

取得荣誉
- 2014/2015 赛季西班牙甲级联赛冠军
- 2015/2016 赛季西班牙甲级联赛冠军
- 2014/2015 赛季西班牙国王杯冠军
- 2015/2016 赛季西班牙国王杯冠军
- 2016/2017 赛季西班牙国王杯冠军
- 2016 年西班牙超级杯冠军
- 2014/2015 赛季欧洲联赛冠军
- 2015 年欧洲超级杯冠军
- 2015 年世俱杯冠军

个人资料
- 中文名：路易斯·恩里克
- 外文名：Luis Enrique
- 出生日期：1970 年 5 月 8 日
- 国籍：西班牙
- 出生地点：希洪
- 身高：1.80 米

2008 年 6 月，原巴萨 B 队主教练瓜迪奥拉同助理教练比拉诺瓦一起升入巴萨一线队。恩里克成为巴萨 B 队主教练时才 37 岁。而巴萨 B 队则刚刚从丙级联赛升入乙级联赛。

恩里克执教巴萨 B 队期间取得了不错的成绩，获得 2008/2009 赛季西乙联赛第五名。虽然他的球队没有取得升级资格，但培养出了像塞尔吉·罗伯托、马克·巴特拉、马丁·蒙托亚、蒂亚戈等一批优秀的青训球员。

2010/2011 赛季，路易斯·恩里克率队以 71 分（20 胜 11 平 11 负）排在西乙联赛第三，仅次于贝蒂斯和巴列卡诺，这是俱乐部历史最好的排名，但由于来自同一家俱乐部的球队不能参加同一个级别联赛，所以巴萨 B 队失去了参加升级附加赛的资格。

2011/2012 赛季，取得优秀成绩之后，恩里克决定前往西班牙以外寻求挑战，他成为意甲豪门罗马俱乐部的主教练，但赛季过后罗马只取得联赛第七名，意大利杯也止步半决赛，最终他与罗马俱乐部解除了合约。

之后恩里克于 2013/2014 赛季重返西班牙，成为塞尔塔俱乐部主教练。球队中有很多巴萨的青训球员：拉菲尼亚（被租借至塞尔塔）、诺里托和丰塔斯。恩里克取得了令人兴奋的成绩，他的球队提前保级，取得西甲第九名，赢得了西班牙国内广泛的好评。

2013/2014 赛季结束，恩里克于 2014 年 5 月接替马蒂诺，成为巴萨主教练。之后接连签下塞维利亚中场拉基蒂奇及利物浦神锋苏亚雷斯，出售了桑切斯、法布雷加斯等。可是，新赛季面对着强势的皇家马德里，加上苏亚雷斯的禁赛，赛季初的巴萨令球迷感觉会再次迎来失意的一季。

不过，踏入 2015 年，巴萨却焕然一新，与走下坡的皇马有着鲜明的对比。在皇马接连失分后，随着苏亚雷斯的强势回归，巴萨成功把握机会，登上榜首。

同时梅西、苏亚雷斯和内马尔组成的"MSN"组合亦展现出惊人的火力。在联赛 37 周，凭借梅西一箭定江山，1 比 0 小胜马德里竞技，提前一轮重夺西甲冠军。

这是巴萨近十个赛季来第七座金杯，此后巴萨又在国王杯决赛中以 3 比 1 击败毕尔巴鄂，以全胜姿态赢得第 27 个国王杯冠军。

在欧冠淘汰赛阶段巴萨更是所向披靡，接连淘汰曼城、巴黎圣日耳曼和拜仁，第八次打进欧冠决赛。在 2015 年欧冠决赛中巴萨以 3 比 1 击败尤文图斯，拿下俱乐部第五座欧冠奖杯，同时成为史上首支二度加冕欧冠"三冠王"的球队。

其后，巴萨又于 2015 年 8 月欧洲超级杯上以 5 比 4 战胜了塞维利亚，夺得同年内的第四项锦标。恩里克打造的巴萨新"梦幻王朝"开始了。

2015/2016 赛季西甲联赛，在恩里克的率领下，巴萨表现可圈可点，以 29 胜 4 平 5 负积 91 分的成绩夺得队史第 24 次联赛冠军。虽然在欧冠赛场巴萨以两回合 2 比 3（主场 2 比 1，客场 0 比 2）不敌马德里竞技，止步八强，但在 2016 年国王杯上，巴萨 2 比 0 战胜塞维利亚，第 28 次夺得国王杯冠军，2015/2016 赛季依然夺得"双冠王"。此外在 2016 年西班牙超级杯上，巴萨两回合 5 比 0（客场 2 比 0，主场 3 比 0）再次干净利落地战胜塞维利亚，夺得超级杯冠军。

2016/2017 赛季欧冠赛场，对阵巴萨昔日主帅瓜迪奥拉领衔的曼城，梅西上演"帽子戏法"，内马尔失点之后，连过两人后推射破门，4 比 0 取胜。轻松击溃"蓝月亮"之后，梅西谈起新旧两位恩师："我觉得瓜迪奥拉与恩里克对巴萨的执教风格差别不大，巴萨的战术体系早已人尽皆知，而且根深蒂固，每个教练都有自己的想法，当他们觉得是时候改变时，就会贯彻自己的战术理念。在恩里克麾下，我们利用快速反击时的侵略性更强，相比之下，瓜迪奥拉时代我们对于这一战术的使用并不算多。"梅西含蓄地表达了对于恩里克的赞扬，认为他带队更有攻击性，也更迅猛。

红蓝如梦
巴 萨 传 略

FÚTBOL CLUB BARCELONA
1899—2019

FC Barcelona

巴塞罗那足球俱乐部，昵称巴萨，位于西班牙加泰罗尼亚地区，以妙到毫巅的个人技艺以及出神入化的传控配合而名震天下。他们进攻如水银泻地、行云流水，令人如坠梦境。巴萨一直以来坚持一种名叫"Tiki-taka"的比赛风格，即利用一群身材矮小但技术、控球均出色的球员，进行长时间控球和复杂的短传配合。此外，场上每位球员都可成为攻击体系中的一员，并侧重中前场的压迫。近年来巴萨取得的一系列成就被认为是长期坚持这种打法的成果。

楔子

巴萨除了拥有足球队外，还在篮球、手球、滚轴冰球及棒球运动项目上组成队伍参加赛事，而且多次夺得国内联赛冠军。另外俱乐部的其他球类运动也有多方面发展，包括女子足球、橄榄球、女子篮球、轮椅篮球等。巴塞罗那足球队的青训系统——"拉玛西亚"足球学校也是欧洲翘楚，培养了众多优秀球员。

2009年，梅西成为第一位从拉玛西亚走出的FIFA金球奖获得者，同样出自拉玛西亚的哈维和伊涅斯塔也进入了最终投票的前五名。2010年，西班牙赢得了世界杯决赛，其中有8名球员来自巴萨，7人来自拉玛西亚，并且其中的6人进入了首发名单，分别是：皮克、普约尔、伊涅斯塔、哈维、布斯克茨和佩德罗。这是同一俱乐部在世界杯决赛出场最多球员的一项纪录。2012年欧洲杯，西班牙夺冠的23人中有8名球员来自拉玛西亚。除了巴尔德斯，7人全在决赛舞台上出场，创造了欧洲杯的历史。2012年11月26日西甲第13轮巴萨4比0胜莱万特，在第14分钟阿尔维斯因伤被蒙托亚换下之后，场上11名球员全部曾在巴萨的青训营"拉玛西亚"效力过。当时场上的巴萨球员为：巴尔德斯、蒙托亚、皮克、普约尔、阿尔巴、哈维、布斯克茨、法布雷加斯、佩德罗、梅西、伊涅斯塔，创造了俱乐部的历史。

巴萨的主要竞争对手无疑是皇家马德里，两大豪门无论球队风格还是政治立场各有不同，一队是代表马德里的皇家马德里，另一队则是代表加泰罗尼亚的巴萨，这两座城市在文化上和政治上，皆有着强烈的对比，在历史上更有着深厚的恩怨。而两队的对垒渐被认为是"西班牙国家德比"，也是西班牙国内每年一度引人注目的体育盛典。

1. 创建之初

1899年，瑞士一位企业家汉斯·甘伯建立了巴塞罗那队，建队之初的成员只有很少部分是当地的巴塞罗那人，大部分来自英格兰和德国，他们都是一群居住在巴塞罗那的外来青年，这是足球运动以及横跨整个欧洲大陆的英式竞技持续流行的结果。

这些起源让俱乐部的文化、竞技种类更加丰富，也让俱乐部产生了对巴塞罗那及加泰罗尼亚地区根深蒂固的忠诚。甘伯年轻时曾经效力瑞士球会巴素利并兼任过球队队长，虽然退役后决定从商，但他仍然不忘足球这一项体育运动。

有一次他因为探望亲戚而前往西班牙巴塞罗那，后来又因为工作关系而决定留在巴塞罗那发展。这时候足球在西班牙国内仍不普及，甘伯立志在巴塞罗那成立一支足球队，希望能够将足球运动推广至巴塞罗那市内以及西班牙全国各地。

1899年10月22日，他在杂志上刊登了一个广告招募足球员，由于当地人对足球运动仍是一无所知，最后在11月29日找到来自瑞士、英国及加泰罗尼亚的热心人士共11位球员加入球队。在这一天巴塞罗那足球会宣布正式成立。

他们在一间健身房里召开了球队的首次会议，会议包括选出球会主席及命名球队名称等。第一任主席一职决定由加泰罗尼亚人瓦尔特·怀德出任。怀德同时也是一位气质优雅的足球绅士，代表球队参加了十场比赛，包括俱乐部首场比赛。

怀德作为俱乐部主席最重要的成就是帮助俱乐部拥有了第一个主场，1900年12月27日他再次当选巴塞罗

●巴塞罗那俱乐部在1899年11月29日，由瑞士人汉斯·甘伯创立

那俱乐部主席，这是继1899年12月13日首次当选之后连任。1901年4月25日怀德被迫辞去俱乐部主席一职，结束了513天的主席生涯。在怀德辞职的当天，他被授予巴塞罗那俱乐部荣誉会员称号。

球队名称命名为巴塞罗那足球俱乐部（FootBall Club Barcelona），采用英文格式，而不采用西班牙文格式表示球会名称的原因是参考当时其他西班牙著名的球队，包括皇家马德里及毕尔巴鄂竞技这二个由英国人成立的足球俱乐部。

会议讨论采用与巴塞罗那市一样的徽章图案（即左边是白底加上红色十字，右边是红黄色直间条），以表示与加泰罗尼亚的关系。而球衣方面则是参考甘伯的前球队巴素利的球衣颜色，左边是深红色而右边是蓝色，将蓝红色两种颜色在中间分开，甘伯只是将两种颜色对调，作为巴塞罗那的创队球衣。

巴塞罗那足球俱乐部成为西班牙国内发展足球运动的先驱者。他们在1900年参加了首届Macaya杯（即加泰罗尼亚地区联赛），虽然巴塞罗那队的表现超乎想象，六场比赛取得四胜一平一负，共打进47球，但可惜冠军奖杯却落于比他们更强的Hispania AC手中。

翌年巴塞罗那队以惊人的攻击力击败一众对手，包括上届冠军Hispania AC，最后更以八战全胜的佳绩夺得俱乐部首个冠军奖杯。

1901年，西班牙王室决定创立西班牙国王杯足球赛。首届杯赛巴塞罗那队未能如愿捧杯，直至1910年才首次折桂，随后又在1912年和1913年两度捧杯。

1902年，他们获邀参加当时庆祝西班牙国王阿方索十三世登基而举行的西班牙国王杯，巴塞罗那队首先以3比1击败马德里队（皇马前身）得以晋级于毕尔巴鄂比斯开队，无缘冠军。

2. 发轫之际

1909年至1919年是俱乐部的成长期，特别是1908年11月，俱乐部更是处境艰难，有38名会员准备离开。甘伯决心让俱乐部继续运营下去。这标志着俱乐部进入历史上一个新的阶段，它将足球和整座城市、整个国家的社会背景融合到一起。

在这期间出现了很多情况，包括稳定增长中的会员数量、重新编写的俱乐部章程以及首次得到属于俱乐部自己的球场。与此同时，大量的竞技成就以及足球发展过程中对球员这个职业的承认，都让这项运动渐渐正规化。

俱乐部成长迅速。不到十年间，会员数量从1909年的201人增长到2973人。在这期间，巴萨打下了坚实的基础，逐渐成为一开始设想中的足球俱乐部。现在，这远远超出了当时那群年轻人的梦想——巴萨一直维持至今。

从1899年起，巴萨用城市的徽章作为队徽，但在1910年，俱乐部拥有了属于自己的队徽。俱乐部专门举行了一场比赛来选出新的徽章设计，那次比赛选出来的设计图案，只要稍加修改便是我们今日所见的队徽，它是由巴萨球员卡雷斯·科马马拉设计的。

这个队徽表明了俱乐部的身份。它包括了圣秋帝十字架和一面有着四条竖纹的令旗——"加泰旗"，还有象征着俱乐部的蓝色和深红色，以及一个足球图案。

在1910年至1913年这四个赛季间，俱乐部赢得了无数荣誉，包括西班牙国王杯以及四个比利牛斯杯，这是巴萨首次参加国际性赛事，来自加泰罗尼亚、巴斯克地区和法国南部的球队参加了这项赛事。球队的成功导致会员数目的激增，球迷们在球队凯旋后都前来迎接球员们。

球员们在西班牙杯的赛事中击败马德里后，在格拉西亚大道得到了英雄般的待遇，球迷们一直跟着大巴到举办庆祝晚宴的地方。位于巴塞罗那中央的Canaletes酒吧成了宣布足球比赛结果的地方，球迷们聚集在那里庆祝巴萨所取得的成功。

来自菲律宾的保利诺·阿尔坎特拉在1911/1912赛季首次亮相，当时才15岁。毫无疑问他是巴萨历史上第一

● 1899年，俱乐部有了第一个队徽

位球星，也是俱乐部的头号射手。他在357场比赛里打进不可思议的369球，这意味着他差不多平均每场比赛打进一球。据说他的脚力很大，甚至能射穿球网。有意思的是，阿尔坎特拉经常在腰部缠一条围巾。1908/1909赛季是巴萨统治加泰足球冠军赛的开端。一直持续到1922年，巴萨8次赢得这项赛事冠军，令人印象深刻。整个1909/1910赛季，球队赢下了每一项锦标。

1924年12月7日至8日，为庆祝俱乐部成立25周年，球队在"大教堂"球场与Real Union俱乐部踢了两场比赛。除此之外，西班牙与法国的运动员代表还举行了一场名为"III Challenge Pere Prat"的比赛。那个时候，俱乐部已经拥有12207名会员。

1928年的西班牙国王杯上，在桑坦德举办的决赛中，巴萨在前两个回合均战平之后，终于以3比1击败了皇家社会队。门将普拉特科在比赛中受伤严重，他是当天的英雄。电台首次广播了巴萨的胜利，报纸还在一个专门版面上刊登了这一消息。

随着足球运动在西班牙的普及发展，1928年西班牙足协决定建立正式的足球联赛体制。在1928/1929首届联赛中，巴塞罗那队一举夺冠，25分，以2分的优势击败皇马获得首届冠军。曼努埃尔·佩雷拉是球队在西班牙联赛中第一个进球的球员。但是，这项荣誉在当时并未引起太大的轰动，最初球迷们认为联赛只是一项无关紧要的赛事，他们更看重球队在国王杯的表现。

3. 初登巅峰

在20世纪20年代，足球成为一项大众运动。巴萨继续吸引着大量的支持者，并被视为一支由很多球星组成的"梦之队"，其中包括萨米蒂埃、阿尔坎特拉、萨莫拉、沙基、皮埃拉和桑乔。

这支传奇球队亲历了球迷群体的壮大，促使了1922年"大教堂"球场的建成。这是巴萨第一座伟大的体育场。1923年，俱乐部会员数突破了1万名。面对当时最强大的对手——巴塞罗那的另一支球队西班牙人，巴萨的战果总是不会令球迷们失望。这群球迷观看了俱乐部所有比赛，球队在"大教堂"球场享受了多年的成功。可以说1919—

● 巴萨1914/1915赛季主力阵容

1930年是巴萨第一个鼎盛时期。

1930年7月30日，巴萨创始人之一甘伯被证实由于个人因素自杀身亡，年仅52岁便离开人世，巴萨创建者的离世预示着往后几年俱乐部将陷入困境。

在20世纪30年代，社会变得对政治会议越来越感兴趣，相比之下足球比赛受到冷落。巴萨进入了以社会、政治、文化重建为主的历史时期。1932年5月通过的新俱乐部章程，对组织重新做出定义。据章程第一章所述，巴萨是"一个文化与竞技的协会"。10月文化委员会成立，负责为会员们组织活动。此后巴萨进入一个低潮期，球队仅在最初几年稍微有些实力，但没能赢得任何联赛和西班牙杯冠军，它的成功仅限于加泰足球冠军赛。

1935年7月，新主席约瑟夫·苏诺尔阐明自己基于加泰民族之上的政治理念。利用"竞技与公民"这一名言，他强调了社会与竞技间的联系。加泰政府发起对巴萨的社会、政治、文化这三方面的重建。

1932年10月，俱乐部在官方消息中明确了自己的位置："我们俱乐部的兴起毫无疑问与竞技成就没有关联。"在这份承诺中，政治、文化活动成为主体。在南北战争之初，俱乐部的员工面临着巴萨被取缔的威胁，这促使他们建立了一个重要的委员会且最终保住了这个组织。这个委员会展现出坚定的决心，绝对不会脱离战前的领导。

苏诺尔担任主席期间，俱乐部的经济有所起色，巴萨开始了一项新的竞技政策——出售有实力的球员。战争，让球队本来极为明朗的未来变得黑暗。

随着1937年西班牙内战的爆发，留在西班牙的巴萨主席约瑟普·索诺尔被叛军首领弗朗西斯科·佛朗哥下令枪毙。巴萨队员们当时在墨西哥和美国参加巡回表演赛才躲过一劫。

为了躲避战争，同时也是寻求资金来改善俱乐部可悲的财政状况，巴萨前往墨西哥和美国。有些球员甚至再也没有回到巴萨。1937年夏天，球队以民主、自由大使的身份受到墨西哥的接待。

1938年5月16日，弗朗西斯科·佛朗哥的军队进攻巴塞罗那时，在巴塞罗那的社交俱乐部投掷了炸弹，造成了极大的损失。几个月后，巴塞罗那被佛朗哥军队占领。巴塞罗那足球俱乐部作为加泰罗尼亚主义的标志，会员人数被勒令减少到3486人，巴萨面临着巨大的生存问题。

战后的前几年是巴萨经历过的最艰苦时期，一场争斗或许就能让整个俱乐部消失。被军队和当权者无情地抑制和清洗，组织的身份已经完全改变了。

这场清洗还影响了球员，参加了墨西哥和美国之旅的球员都被禁赛两年，很多球员被流放国外。俱乐部的队徽和名字都被更改，理由是它们没有充分地西班牙化，而俱乐部的主席由权威竞技当局谨慎挑选。

之后几年球队重新建队，也成就了20世纪50年代更多的冠军头衔。对很多人来说，巴萨在"大教堂"球场的比赛就像是那段恐怖、痛苦、压抑时期的一片象征着自由的绿洲。

4. 涅槃重生

1939年西班牙内战结束，6月29日，"大教堂"球场为举办一场比赛而正式重新开放。比赛由军人和当权者主持。俱乐部在赛前一场演讲中声明自己不再是反西班牙情绪的载体，而是要成为新政权下西班牙竞技的新偶像。1940年3月，佛朗哥政府的官员恩里克·皮涅罗被任命为巴萨主席。然后俱乐部的名字被勒令从原来比较英国化的FootBall Club Barcelona改为了西班牙化的Club de Fútbol Barcelona，加泰罗尼亚旗上的4道红杠被勒令减少到2道，直到1949年才恢复原状。

1943年对皇家马德里的比赛中，巴萨队员受到了裁判和警察的死亡恐吓。巴萨主席皮涅罗虽然是法西斯分子，但厌烦了自己的俱乐部受到马德里政府这样的对待，最后辞职。

1944年，萨米蒂埃执教巴萨，赢得了1944/1945赛季西班牙联赛冠军，这是自1929年以来球队首个联赛冠军。继而又在1948年和1949年连续两次夺冠，成为西班牙最著名的俱乐部之一。

伴随着一段辉煌的时期，俱乐部迎来50周年纪念，俱乐部也意识到自己已完全从南北战争中恢复过来。这个时候，巴萨正处于成长的阶段，会员总数达到24893名。

俱乐部为此准备了一系列的庆祝活动，其中包括一次足球三角赛，参赛队伍除了巴萨之外，还有丹麦的欧登塞俱乐部和巴西的帕尔梅拉斯俱乐部。最终巴萨赢得了这项赛事。趁着这次周年庆典，俱乐部重新在队徽上增加了此前被拿掉的四条竖纹加泰旗。这清楚地展现了俱乐部对恢复身份的渴望，尽管现状依旧存在诸多阻碍。在这些庆祝活动中出现的众多球迷群体体现了巴萨在"大教堂"这座传奇球场的巨大进步。

进入20世纪50年代，巴萨开始引进国外优秀选手加盟，使球队实力明显增强。1950年，匈牙利球星库巴拉加盟该队，同时该队又聘请费迪南德·道西克为主教练，在道西克和库巴拉率领下，巴萨进入了史无前例的高峰期，被称为"库巴拉"时代。1951—1961年，

● 巴塞罗那在1938年的内战中遭遇空中袭击

库巴拉为巴萨效力11年,四夺联赛冠军,五夺杯赛冠军,两次捧得国际城市博览会杯,年年有斩获。

1953年,巴萨与阿根廷河床队达成协议,签下迪·斯蒂法诺,拥有该球员的所有权。与此同时,皇马与迪·斯蒂法诺当时正效力的米伦拿列奥俱乐部展开谈判。在佛朗哥分子的支持下,一个奇怪的结果诞生了,迪·斯蒂法诺被规定可以为两家球队效力。巴萨对这个裁定十分不满,并主动放弃了这名球员。自此库巴拉的巴萨和迪·斯蒂法诺的皇马互相争斗多年,夺取西班牙足球的统治权。

5. 五冠王朝

巴萨在库巴拉的带领下获得了1951/1952赛季、1952/1953赛季的西甲联赛冠军,还包办了1951—1953年连续三年的西班牙国王杯冠军。在1951/1952赛季,巴萨在由巴罗萨、塞萨尔、库巴拉、莫雷诺、曼科恩组成的锋线攻击群摧城拔寨下,成为联赛、西班牙国王杯、拉丁杯、马丁杯、罗西杯冠军的"五冠王"。

在1953年,俱乐部又赢得了西甲联赛冠军和大元帅杯。

1957年9月24日,能容纳9万人的巴萨新主场诺坎普球场正式使用。那天正值传统节日,整个巴塞罗那的市民都盛装打扮。开幕式名人云集,对当时刚刚又一次获得西班牙国王杯且已经拥有4万名会员的巴萨来说确实十分完美。

随着新兴建的诺坎普体育场于1957年9月24日启用,加之主帅赫雷拉的到来,巴萨正式踏入一个新时代。赫雷拉,也被称为"HH",打造出一支融合了外国及加泰特质的出色球队。那时球队最新的偶像是匈牙利人桑多尔·科奇士和齐博尔,巴拉圭人欧洛西奥·马丁内斯和巴西人埃瓦里斯托。球队还拥有像吉恩萨那、格拉西亚、维杰斯、泰加塔、奥利维拉和萨加拉这样的本土球员。

1954年巴萨签下一笔重要的引援,西班牙本土球员路易斯·苏亚雷斯的到来意味着这支巴萨史上最强的球队变得更强。在他效力巴萨时,球迷们分为两派:"Kubalistes"(库巴拉的球迷)和"Suaristes"(苏亚雷斯的球迷)。1960年苏亚雷斯以巴萨球员的身份获得欧洲足球先生头衔,他是获此殊荣的唯一一名西班牙籍球员。

20世纪50年代,俱乐部的会员数有了大幅增长。从26300名会员增加至52791名,增长超过100%。有很多原因促使了会员数的增加。

库巴拉的到来对巴萨的成功有着重要意义,他成为巴萨球迷的偶像。球队的胜利和库巴拉的传奇是得到球迷忠诚的关键因素。巴萨在加泰社会中的地位越来越高。与此同时,1951年后经济得到初步恢复,薪酬的增长高于通货膨胀率,这意味着人们有了更多的可支配收入,也就是说会费限制少了。

巴萨在1958/1959赛季及1959/1960赛季先后两夺联赛冠军,1957/1958赛季及1959/1960赛季更获得了国际城市博览会杯(欧洲联盟杯的前身)。1961年巴萨在圣西罗击败AC米兰,首次打进欧洲冠军杯决赛,但遗憾地以2比3败给葡萄牙本菲卡队。

20世纪60年代,巴萨会员数量仍不断增长。与之相矛盾的,巴萨的竞技成就并未随之增加。与此同时,加泰罗尼亚迎来了一大群移民者,人口超过120万,因此巴萨成为加泰社会一个重要的集聚地。这很大程度上是由于西班牙南部的移民潮。很多人被巴萨吸引是因为它的民主精神、它的国际意识和它那明显的反中央立场。间断的竞技成就和部分源于建设诺坎普球场所导致的经济紧缩,造成了俱乐部无法签下大牌球星,这在巴萨的赛果上有所反映。

巴萨的加泰罗尼亚身份不再局限于土生土长的会员和球迷。巴萨巩固了它在社会融合中的催化剂作用。这一情况在20世纪20年代人们从瓦伦西亚、穆尔西亚和阿拉贡移居到加泰罗尼亚时曾发生过。到了20世纪末,当移民者从其他大陆来到这里时再次发生了这个

● 如果库巴拉和迪·斯蒂法诺在巴萨联手的话,统治欧洲的就不是皇马了

情况。

1959年，电视转播开始出现在加泰罗尼亚。因为电视很贵，最初人们都是站在卖电视的商店外观看巴萨的比赛，或是聚集在加泰罗尼亚的酒吧和饭店。

"五冠王"时代、赫雷拉时代已经结束。在那个赛季结束后，库巴拉的离开宣告着巴萨的辉煌明显走到尽头。拉马莱茨，这名伟大的门将，跟随泰加塔和赛博尔的脚步离开俱乐部，成为巴萨没落的新证据。当萨加拉在1964/1965赛季后也选择离开，彻底标志了"黄金一代"的结束。

之后西班牙足坛霸主换成了皇家马德里。在1961年至1990年长达30年的漫长岁月里，巴萨仅获得两次西甲联赛冠军。

1968年，巴萨在伯纳乌紧张的气氛下赢得西班牙杯冠军。这场与皇马的对决被评为"玻璃瓶决赛"载入史册。这个名字源于完场前几分钟，观众向巴萨球员投掷玻璃瓶。尽管敌对气氛浓烈，巴萨还是以1比0击败皇马，取得一场史诗般的胜利。

1969年，蒙塔尔赢得选举成为俱乐部主席。他的计划是坚持全民参与，他灌输一种所有会员都能通过选票反映自己想法的理念。

1973年，蒙塔尔再度被选为主席，他的竞选标语是"巴萨不仅仅是一家俱乐部"。

在他当选主席期间，蒙塔尔热心于加泰主义的复辟，坚决反对足球中央集权化，正如西班牙足协和国家竞技代表团所实施的那样。

他的影响让巴萨开始恢复它的身份，渐渐抛弃那个西班牙内战后听起来更西班牙化的名字。

1972年，诺坎普通过扬声器播放加泰语，俱乐部新闻也开始用加泰语。1973年，俱乐部恢复原有的名字——巴塞罗那足球俱乐部。

6. 梦之起航

1973年8月13日，是一个值得纪念的日子。巴萨签下了荷兰足球传奇人物克鲁伊夫。他成为这支出色球队的领袖，而球队主帅里努斯·米歇尔斯也是荷兰人，他是荷兰足球全攻全守的创造者。他们一起将诺坎普带回之前的辉煌岁月。克鲁伊夫头脑灵活，充满智慧，且球技高超。

荷兰球星多个难忘的时刻都被载入史册，例如他对阵马竞时那个值得纪念的进球——克鲁伊夫在空中接住雷克萨奇的球，然后攻破加纳把守的大门。

随后在1973/1974赛季，球队又一次进入积分榜前列，巴萨的胜场开始

● 1957年9月24日，诺坎普球场正式投入使用，它成为欧洲最梦幻的一座球场，并见证了日后的辉煌

增加。在 4 比 2 击败希洪竞技后，巴萨获得了久违的联赛冠军。虽然联赛还剩五轮，但冠军已经到手，巴萨结束了 14 年的蹉跎岁月。在 1973/1974 赛季的积分榜攀升征程中，包括了一场壮观的比赛——1974 年 2 月 17 日作客伯纳乌球场，巴萨席卷了整个球场，以一场 5 比 0 的辉煌胜利结束比赛，为俱乐部 75 周年庆典献上了大礼。为了 75 周年纪念，由 Josep M. Espinas 和 Jaume Picas 作词，Manuel Valls 谱曲，完成了俱乐部的官方队歌，名为"Cant del Barça"。这时的巴萨已经拥有了 69566 名会员，成为当时世界上最有影响力的足球俱乐部之一。

1978 年 5 月 6 日，新民主时期的第一场选举举行。所有会员都能自由地选择他们的主席。凭借一次名为"让我们一起开创巴萨"的活动，努涅斯当选。努涅斯坚称自己志在让俱乐部更亲近会员，还要扭转俱乐部的财政状况。

随着政治上的解冻，俱乐部开始了一个影响不断扩大、会员不断激增、收入不断增加、设施不断更新的阶段。诺坎普成为全欧洲最大最为现代化的球场，号称"欧洲梦剧院"。

1979 年 5 月，在巴塞尔，巴萨第一次赢得欧洲优胜者杯冠军。他们以 4 比 3 战胜了德国的杜伊斯堡队，这是努涅斯担任主席期间的首个冠军头衔。一个大约由 30000 名巴萨球迷组成的群体陪伴球队拿到冠军，他们带着加泰旗和红蓝色旗穿越整个欧洲。这个欧战冠军头衔迎来了巴塞罗那各街道及其他加泰城市空前的庆祝活动。这支冠军队伍回国时受到了热烈的欢迎，其中两名球员得到特别的接待，他们是内斯肯斯和米盖利，前者即将离开球队，而后者带着折断的锁骨坚持踢完了决赛。

1981 年 3 月 1 日，球队的最佳射手基尼，在自己家门口被绑票。他被关了 25 天，期间球队上下都团结起来。绑架事件对球队产生了巨大的心理影响。虽然失去了前锋，球队仍被要求继续踢联赛，但已经失去了争冠的可能。巴萨支持者组织了一次盛大的游行示威要求释放基尼，最终他在 1981 年 3 月 25 日被释放。

1982 年，巴萨斥巨资签下马拉多纳，他在当时被认为是世界上最好的球员。他是一名大师，带球和进球都令人难忘。这名足球奇才，拥有魔术般的左脚、快节奏的变向、出色的速度和绝佳的控球。但是，他在巴萨的时光是不幸的。那两年里，他经受了肝炎和一连串伤病的折磨。这些不幸意味着球迷们无法连续欣赏这名天才的表演。

在夺得 1981 年和 1983 年的国王杯后，1982 年 5 月 12 日，欧洲优胜者杯决赛在诺坎普进行，凭借着西蒙森和基尼的进球，巴萨以 2 比 1 击败比利时标准列日，赢得历史上第二座冠军奖杯。此前拉特克的球队在西班牙杯四分之一决赛前已经出局了。尽管如此，新的欧战冠军头衔让这座球场重获欢愉。1985 年，在维纳布尔斯和德国球星舒斯特尔的带领下，巴萨终于在时隔 11 年后再次夺得联赛冠军。这期间巴萨的会员数已经增加到 10 万之多。

7."梦一"时代

1988 年，俱乐部主席努涅斯做出了一个至关重要、意义深远的决定，重新请回了当年的英雄克鲁伊夫。

克鲁伊夫上任伊始就大刀阔斧地重

建球队，赶走了包括舒斯特尔、莱因克尔在内的12名球员，购买了不少默默无闻的新球员。很快，他建立了一支风格鲜明华丽的欧洲顶级球队，当时球队的风格是一脚传球、攻势足球和克鲁伊夫的胜利精神。

"我了解俱乐部，我不希望历史重演。如果我们想要改变，我们必须改变历史。"这些话语预示着克鲁伊夫时代正在降临，标志着足球哲学观的改变。球队的战术被修正了，其中包含了荷兰教练米歇尔斯的"全攻全守"。球队的管理也改变了，成为教练全权负责。他还在训练课上引进了"rondos"训练法，即球员间围成一圈相互传球，处在圆圈中间的球员尽力抢到皮球。

在克鲁伊夫的带领下，巴萨经历了一段辉煌的岁月。1989年5月10日，萨利纳斯和雷卡特的进球帮助巴萨2比0击败意大利桑普多利亚队。超过2万5千名支持者来到瑞士支持球队。

克鲁伊夫的新巴萨将俱乐部第三座优胜者奖杯带回家。随后的1990年至1994年间，巴萨完成西班牙联赛四连冠。1992年欧洲冠军杯决赛，两万五千名支持者陪伴球队来到温布利。双方在90分钟内战成0比0，比赛进入加时。在第111分钟，科曼精彩的任意球帮助球队拿下意大利桑普多利亚队，巴萨获得首个欧洲杯冠军。

这场胜利使得整个巴塞罗那乃至于整个加泰罗尼亚都沸腾了，俱乐部官员甚至只穿着内裤跳入泰晤士河庆祝，10万人来到巴塞罗那的街道上欢迎欧洲冠军回家。那支由西班牙本土球员和外援完美结合的球队被尊称为"梦之队"，成为巴塞罗那永远的骄傲。

1996/1997赛季，博比·罗布森执教巴萨，在潜力新星罗纳尔多的带领下，球队夺得欧洲优胜者杯和国王杯。然而罗布森和"外星人"在这一年后一起离开球队。荷兰人范加尔接过巴萨教鞭。

范加尔带领巴萨在近40年来首次赢得联赛和杯赛"双冠王"。在执教巴萨的第二个赛季，这位荷兰人又带队卫冕了联赛冠军。

1999年是特殊的一年，这是巴塞罗那俱乐部成立一百周年。俱乐部方面希望巴萨的百年庆典能持续一年。球迷和球员在1998年11月至1999年11月享受了一连串的庆典活动。

这些活动从一个体育场内大型的嘉年华开始。一个最令人印象深刻的场景是加泰传奇歌手塞拉特在10万观众面前唱巴萨队歌。另一个激动的时刻是数百名运动员的游行，宣告过去这些年巴萨旗帜得到捍卫。

8. "梦二"时代

进入21世纪，巴塞罗那在新主席拉波尔塔的率领下采取了务实的态度来经营俱乐部。他上任后引入了巴西新生代的"球王"罗纳尔迪尼奥，邀请了荷兰教练里杰卡尔德执教，并在2003/2004赛季创造了一个不小的奇迹，在联赛中后来居上超过了皇马位居第二名。

2004/2005赛季，巴萨势如破竹终

于赢得了西甲冠军。2005/2006赛季里杰卡尔德执教生涯达到顶峰，球队不仅在联赛中成功卫冕，欧冠比赛中，他的球队在斯坦福桥和圣西罗也打出了令人难忘的比赛。最终在巴黎的决赛中，巴萨以2比1击败阿森纳，赢得了球队历史上第二座欧冠奖杯。

埃托奥和贝莱蒂的进球照亮了法兰西体育场。这是一场足球的胜利，这种被称为"美丽足球"——大胆的风格，受到全世界前所未有的赞扬。

千万名会员和球迷在巴黎庆祝胜利，还有数百万人在巴塞罗那和加泰其他城市庆祝。队中的巴尔德斯、奥莱格、普约尔、哈维和伊涅斯塔这些拉玛西亚的青训才俊逐渐在队中站稳主力位置，"梦二队"终于诞生了。

2007/2008赛季，亨利、亚亚·图雷、阿比达尔和加布里埃尔·米利托来到球队，这意味着巴萨在牌面上已经是历史最好的球队之一，但最终球队却都是因一球之差而无缘欧冠和国王杯决赛。由于伤病导致减员，球队在联赛中也没能达到预期，最终只排在第三位。

巴萨在欧冠四强出局。2008年5月8日于西班牙甲级联赛倒数第3轮更是以1比4败于死敌皇家马德里。小罗状态大幅下滑，赛季结束后，里杰卡尔德离开帅位，这也标志着"梦二队"的结束。

9. "梦三"时代

2009年，瓜迪奥拉接掌帅位，他继承了克鲁伊夫引进的踢球风格，坚定地以俱乐部青训为基础，提拔一些有天赋的青年才俊进入一队，最终成就了史上最伟大的巴萨。

当2010年世界足球先生前三名被

红蓝如梦　The Dream of Red and Blue

哈维、伊涅斯塔和梅西包揽，巴萨得到了最光荣的国际认可，这三位巨星均成长于拉玛西亚青训营。

球队各个方面都达到顶峰，夺得了一连串令人惊讶的荣誉。巴萨连获西甲联赛、西班牙国王杯、欧洲冠军联赛三项冠军，成为西班牙足球史及队史上第一个获得"三冠王"的球队。接着在下半年的三项赛事中，再度夺得西班牙超级杯、欧洲超级杯以及世俱杯三大赛事的冠军，完成世界足坛绝无仅有的一次"六冠王"伟业。瓜帅只用了一个赛季，便建造了宏伟的"梦三"王朝。

巴萨打破了所有纪录、踢出难忘的比赛，整个世界都被它迷住了。瓜迪奥拉对这支非凡的球队大加赞赏，认为他们写下了足球历史中最不可思议的一章。

2010年5月17日，西甲联赛结束。巴萨以打破纪录的99分获得了俱乐部第20次西甲联赛冠军。2011年，巴萨除获西甲联赛三连冠外，再度荣获欧洲冠军联赛冠军，五年内第三次捧起了欧冠奖杯。之后2011年下半年，又接连

89

夺得西班牙超级杯、欧洲超级杯，以及世俱杯三大锦标，成为2011年的"五冠王"，近三年内夺得了总计13项锦标，巴萨几乎赢得所有可以拿到的冠军。

整个世界再一次被巴萨的踢法迷住了，全球的媒体对这支非凡的球队大加赞赏，认为瓜迪奥拉将球员自身的风格很好地结合到战术里，不论是攻势足球，还是团队配合，球队运转得很完美。他们写下了足球历史中最不可思议的一章。

巴塞罗那俱乐部的辉煌不仅仅是来自足球队的荣誉。旗下的篮球部、手球部、旱冰曲棍球队也赢得很多欧洲冠军头衔，还有五人制足球队也是第一次赢得联赛冠军。2010/2011赛季巴萨赢得了16个冠军头衔，历史上从未在单个赛季赢得这么多冠军奖杯。

2012年，瓜迪奥拉卸任后，助教蒂托·比拉诺瓦成为巴萨新主帅。比拉诺瓦并未引入更多特别球员，仍然延续"梦三"时期的成员。赛季初球队表现突出，使各界赞叹比拉诺瓦的执教能力，但不幸的是比拉诺瓦患上腮腺癌，被迫辞去主教练职务，改由助教鲁拉接任。

鲁拉昏庸无能受批评，先后于联赛及西班牙国王杯与时任皇马主帅的穆里尼奥的斗法中被逼和及落败，再于欧冠1/8决赛对阵米兰时，客场0比2落败，当各界认为巴萨王朝结束之际，巴萨成功地在主场以4比0逆转米兰。尽管逆转获胜，但球队总体表现开始下滑，过分依赖梅西的巴萨隐患频生。

2013年初，比拉诺瓦回归，但球队成绩每况愈下。欧冠四强中，在梅西、普约尔等首发队员因伤缺席赛事的情况下，巴萨在慕尼黑遭遇重创，组织的攻势未能突破拜仁的防守线，防线的防守力大幅下滑。首回合被拜仁以4球大胜，让巴萨找不到扳回比分的希望。然而，在次回合中，巴萨主场顽强应战，却又以3球落败。以总比分0比7惨败于拜仁，让巴萨无缘卫冕欧冠联赛冠军。其"宇宙队"之名亦开始备受质疑。

巴萨惨败拜仁后，责任自然落在比拉诺瓦身上，指责其换人犹豫、战术不当。连续的恶劣战绩，似乎标志着"梦三"之结束，但整体上巴萨仍然维持着不俗的战绩。2013年5月12日凌晨，皇马客场1比1被西班牙人逼平，巴萨提前四轮获得了该季西甲联赛的冠军，是这五年内第四次夺得西甲冠军。

2013年7月20日，比拉诺瓦因癌症复发辞去巴萨主教练一职。2014年4月25日比拉诺瓦在巴塞罗那一家医院去世。巴萨俱乐部主席巴托梅乌在获知比拉诺瓦去世的消息后，在社交网络上说："对于巴塞罗那俱乐部来说，比拉诺瓦在为人和足球方面都是永远的标杆。谢谢你教给我们的一切，请安息。"

在比拉诺瓦去世后，西班牙各等级联赛开球前均集体默哀一分钟，球员们也都戴着黑纱出场。罗塞尔在报纸上发表公开信追忆比拉诺瓦，随着比拉诺瓦的离去，"梦三"时代正式画上句号。

10."梦四"时代

2013/2014赛季，俱乐部起用了阿根廷人马蒂诺作为教练。马蒂诺尝试弃用巴萨固有的控球打法，改以压迫逼抢及快速反击为主要风格，并签下巴西新星内马尔，以增强锋线攻击力。然而，面对着全季表现强势的马德里竞技，最后一轮只能以1比1战平对手，以3分之差将西甲冠军拱手相让。

欧洲冠军联赛方面，巴萨又不敌西

●比拉诺瓦的去世直接导致了巴萨"梦三"王朝的崩塌，其影响力远大于瓜帅的离开

甲冠军马德里竞技而止步八强。而西班牙国王杯上,巴萨虽然能够闯进决赛,但最终以1比2不敌皇家马德里。全季只在季初击败马竞,收获西班牙超级杯。因为马蒂诺放弃了巴萨的传统打法,使得球迷和俱乐部高层都不买账,因此只一个赛季,阿根廷人便离开了诺坎普。

2014/2015赛季,恩里克执掌球队,作为少壮派主帅,恩里克在细节的掌控上令人称赞。他利用高科技手段密切关注巴萨球员的身体状态,并且利用贯穿整个赛季的轮换制换来了球队在冲刺期的集体健康。恩里克还极大地提升了巴萨定位球的攻防水准,向来不擅长空中作业的"红蓝军团",竟然在"国家德比"中靠马蒂厄的头槌打破僵局。

恩里克最大的功绩就是引入苏亚雷斯,他与内马尔、梅西组成了史上最强的三叉戟——"MSN"组合。2014/2015赛季,"MSN"联袂打进了122球,超越了2011/2012赛季C罗、本泽马和伊瓜因的118球。

在进攻体系的打造上,恩里克有自己的独到之处。在巴萨中场控制力下滑的情况下,恩里克干脆拿下哈维,他牺牲控制力提升进攻速度和纵深度。梅西赛季初踢前腰,而在苏亚雷斯复出后,梅西就为乌拉圭人让出了中路空间。内马尔则化身射门员,2013/2014赛季在马蒂诺手下只打进15球的巴西人,2014/2015赛季却收获了39球。

2014/2015赛季西甲联赛第37轮,凭借梅西的一箭定江山,巴萨1比0小胜马德里竞技,提前一轮重夺西甲冠军,亦是近十个赛季来第七座金杯。此后在国王杯决赛中巴萨以3比1击败毕尔巴鄂竞技,以全胜姿态赢得第27个国王杯冠军。

欧冠赛事方面,巴萨以小组赛5胜1负的战绩首名晋级。淘汰赛阶段更是所向披靡,接连淘汰英超冠军曼城,法甲冠军巴黎圣日耳曼及德甲冠军拜仁慕尼黑,第八次打进欧冠决赛,并最终以3比1击败意甲冠军尤文图斯。

巴萨分别击败五大联赛的冠军,拿下含金量极高的第五座欧冠奖杯,同时完成第二次"三冠王"的壮举,是西班牙球队历史上首支二度加冕"三冠王"的球队。

"梦四"时代就此开启。2015年8月12日,巴萨又获得了历史上第五座欧洲超级杯冠军,成功加冕"四冠王"。

巴萨在2015/2016赛季西甲第38轮中,客场以3比0击败格拉纳达,夺得俱乐部史上第24个西甲冠军。一周后又在国王杯决赛中击败塞维利亚,赢得第28个国王杯冠军,再次加冕"双冠王"。这是恩里克执教巴萨以来夺得的9个赛事中的第7个冠军。此外在2016年西班牙超级杯上,巴萨两回合5比0(客场2比0,主场3比0)再次干净利落地战胜塞维利亚,夺得西班牙超级杯冠军。

2016/2017赛季欧冠赛场,巴萨依旧踢出赏心悦目的攻势足球。虽然梅西屡受伤病困扰,但他伤愈回归面对昔日恩师瓜迪奥拉领衔的曼城,上演"帽子戏法",依旧向世界展示了诺坎普超级天王的盖世风采。而苏亚雷斯、内马尔也纷纷亮出火力,"MSN"依旧举世无匹、霸道纵横。巴萨在新赛季将卫冕西甲冠军、问鼎欧冠冠军,均列入计划之中,期待巴萨再现宇宙第一技术流强队的风采。

"理想很丰满,现实却很骨感。"2016/2017赛季的巴萨让人真正地感受到了什么是大起大落。巴萨在西甲联赛开局不利,一度落后死敌皇马9分之多。虽然梅西在4月的"国家德比"中完成绝杀,可最终还是以目送死敌夺冠结束了整个赛季。全年下来,巴萨打进了116个联赛进球,却没能实现三连冠。那尊联赛金靴奖,此时看起来更像是对"梅球王"的安慰奖。

梦幻巴萨珍藏图纪 ● 心若红蓝
Fútbol Club Barcelona

2016/2017赛季，在巴萨更为看中的欧冠赛场，他们本有美好的憧憬。然而在欧冠1/8决赛的首回合比赛中，巴萨在巴黎王子公园遭遇了惨痛的失利。客场面对巴黎圣日耳曼，巴萨以0比4完败于对手，2016/2017赛季的欧冠之旅几乎被判了死刑。

回到加泰罗尼亚，红蓝将士带着背水一战的决心死磕到底。2017年3月8日，巴萨主场对阵巴黎圣日耳曼。梅西在第50分钟罚入内马尔创造的点球时，巴萨此战已攻入三球，总比分3比4，逆转在望。然而卡瓦尼的进球让诺坎普陷入死寂。巴萨必须在最后30分钟内打入3球，方可以6比5的总比分成功晋级。第88分钟，内马尔主罚直接任意球得分，4比1！第90分钟，内马尔将点球再次罚进，5比1！第95分钟，巴萨最后一次进攻，内马尔左脚传出过顶球，替补上场的罗贝托凌空垫射，完成绝杀，6比1！

诺坎普上演了世界足球史上最伟大的翻盘之一。

然而这场荡气回肠的胜利却没有让巴萨笑到最后。接下来的1/4决赛，他们又一次0比3落后于尤文图斯。首回合落后的巴萨这次没能再次上演奇迹，被尤文图斯淘汰出局，又一次折戟在欧冠八强。

也正是在2017年3月，恩里克表示自己需要休息，赛季结束后不会再担任巴萨主帅。更为糟糕的是，逆转巴黎圣日耳曼之战后球迷对梅西的拥护，使得最大功臣内马尔意识到自己始终无法成为球队领袖，志在金球奖的巴西人萌生去意。虽然当年球队成功夺得国王杯三连冠，但这仅仅也只是聊胜于无。赛季结束，随着恩里克的离去，队内暗流涌动，老龄化问题也逐步体现。"五冠王"和"梦四"看上去已如明日黄花，巴萨正步入一个全新的周期。

11. 梦的流转

2017年夏天，巴黎圣日耳曼向内马尔抛来橄榄枝，昔日的诺坎普宠儿最终还是选择离开效力了四个赛季的巴萨，以创纪录的2.22亿欧元转会费加盟"大巴黎"。曾经风光无限的"MSN"锋线三人组就此风流云散。

失去核心之一的巴萨并没有丧失冲击联赛冠军的信心。2017/2018赛季，巴萨一开始就在联赛中高歌猛进，半程就确立了优势，实现了单赛季36场连续不败和跨赛季43场连续不败的纪录。在"国家德比"中，"红蓝军团"也取得了1胜1平的战绩。

缺少了内马尔，巴萨在整个赛季西甲联赛中"只"打进99球，自2011/2012赛季以来首次跌破百球大关。防守端仅仅丢掉29球，这也是球队夺回西甲冠军的资本，他们最终以领先亚军14分的巨大优势重回西甲宝座。

2018/2019赛季，巴萨同样没有给竞争者多少机会，C罗的离开直接导致巴萨的最大竞争对手皇马走向崩溃，只有马竞苦苦追逐到了最后。梅西依旧是那个无所不能的梅西，整个赛季打进36球，轻松蝉联西甲金靴，个人第六次、连续第三次加冕欧洲金靴，两项数据都是历史第一。只是没有了绝代双骄同台竞技，梅西似乎也显得有些孤寂。

超乎寻常的稳定，是巴萨能够长期统治西甲的底气，但作为一支王者之师，"红蓝军团"无法忍受宿敌皇马在欧陆的耀武扬威——欧冠才是他们的终极目标。可在这片群雄逐鹿的赛场，巴萨却在巴尔韦德的带领下踢得愈发艰难。

2017/2018赛季的欧冠赛场，直到八强战首回合结束，巴萨的一切仿佛都朝着积极的方向发展。罗马的两粒乌龙以及皮克、苏亚雷斯的进球让巴萨能够带着4比1的巨大优势奔赴罗马。

然而在"永恒之城"，在整体实力占优且大比分领先的情况之下，巴萨不可思议地崩盘了。面对着如饿狼一般的罗马将士，梅西和队友们彻底陷入迷失。0比3，还沉浸在一年前大逆转的喜悦

红蓝如梦
The Dream of Red and Blue

中没有清醒过来的"红蓝军团",此时却站在了被逆转的那一面。

"人不能两次踏进同一条河流。"可令人遗憾的是,锋线华丽的巴萨偏偏再次在阴沟里翻船。2018/2019赛季,欧冠半决赛首回合,梅西如天神下凡般的"梅开二度"为巴萨奠定了3比0的巨大优势。每一位球迷都沉醉于梅西又一个神奇赛季的表演,期望他能带领巴萨再一次获得"三冠王"。如果在2019年5月8日那场载入史册的比赛到来之前,这并不是遥不可及的梦想。但在那一天,在世界闻名的安菲尔德魔鬼主场,巴萨像一年前一样再次陷入迷失。当比分定格在0比4的时候,一切恍然如梦。梅西第二次一言不发地走下球场,连续两年在大好局势下耻辱出局,让"红蓝军团"深刻地感受到群雄逐鹿时代竞技体育的残酷。

毫无疑问,巴萨仍旧是这个时代最强的球队之一,但与"梦三"和"梦四"相比,似乎总缺了些什么。因为有梅西,巴萨仍能制霸西甲联赛。可因为仅仅有梅西,巴萨总在欧冠赛场欠缺更进一步的底气。于是,2019年夏天,球队花费1.2亿欧元从马竞带来了他们欣赏已久的格里兹曼,又早早以7500万欧元的身价确定了荷兰新星弗伦基·德容的转会。人们期望,在梅西逐渐老去的现实背景之下,"红蓝军团"能延续自己的野心。

任何王者的归来都需要时间去磨砺,巴萨在2019/2020赛季的开局并不顺利,巴尔韦德也饱受质疑,但谁也不知道磨合之后的巴萨会爆发怎样的能量。这支球队所承载的东西太多太多——关于足球极致之美的追求,抑或是关于加泰罗尼亚信仰的守望。或许正是这些超出足球范畴的信念存在,才让巴萨在成功与失败的路上勇往直前。

也许是上帝偏爱加泰罗尼亚,让这里的球队尽领风骚,他们拥有云蒸霞蔚、气象万千的梦幻舞步,让世人迷醉。至于那星光闪耀的5座欧冠冠军奖杯以及26座西甲冠军奖杯,更像是这位绿茵至尊王者皇冠上的颗颗明珠,时时刻刻彰显着豪门王朝的威仪与气度。

将足球升华成为极致梦幻的艺术,又将艺术转化为无坚不摧的制胜之术,这就是巴萨最令人着迷的地方……

红蓝如梦,这份梦境在继续书写。

FÚTBOL CLUB BARCELONA

2019/2020赛季巴萨一线队阵容、球员简介和技术解析。队长：梅西；副队长：布斯克茨；第三队长：皮克；第四队长：罗伯托。

■注：红色框为主力队员；蓝色框为主力替补队员。

马克-安德烈·特尔施特根
外文名：Marc-Andréter Stegen / 国籍：德国
场上位置：守门员 / 转会身价：1200万欧元
技术特点：特尔施特根身高1.89米，在空中球的争夺中，拥有毋庸置疑的统治力。他反应速度极快，同时头脑冷静，是一名能力非常全面的门将。

内尔松·塞梅多
外文名：Nélson Semedo / 国籍：葡萄牙
场上位置：右后卫 / 转会身价：3500万欧元
技术特点：属于进攻型边后卫，传球成功率高，防守位置感好，前插速度快，善于在边路带球突破后下底传中。缺点是过度助攻会给球队防线带来漏洞。

杰拉德·皮克
外文名：Gerard Piqué / 国籍：西班牙
场上位置：中后卫 / 转会身价：500万欧元
技术特点：出自拉玛西亚，具备一流中后卫的所有素质，高大、强壮、灵活，技术好、善于卡位、长传准确，他是现代中后卫的模板。同时，他还善于把握前场定位球的得分机会。

克莱门特·朗格莱
外文名：Clément Lenglet / 国籍：法国
位置：中后卫 / 转会身价：3590万欧元
技术特点：球感极佳、天赋卓越的后卫球员，并拥有优秀的阅读比赛能力。由于预判能力好，因此在防守时的拦截和卡位准确，善于一对一盯防。

约尔迪·阿尔巴
外文名：Jordi Alba / 国籍：西班牙
位置：左后卫 / 转会身价：1400万欧元
技术特点：具备出色的身体素质，技术出众，控球能力极强。由于是前锋出身，因此前插意识出众，惯用招数是趁对手不备快速前插形成突破和攻门。

塞尔吉奥·布斯克茨
外文名：Sergio Busquets / 国籍：西班牙
场上位置：中场 / 转会身价：青训球员
技术特点：身材高大、脚下技术出色且位置感出色，战术执行力强，不仅展示出强大的防守能力，其开阔的视野和分球能力也很好地继承了巴萨传统组织型后腰的风范。

弗伦基·德容
外文名：Frenkie de Jong / 国籍：荷兰
场上位置：中场 / 转会身价：8600万欧元
技术特点：德容阅读比赛的能力很强，拥有精准的传球能力和出色的大局观。另外，他视野开阔，擅长捕捉传球空间，同时可以司职防守型中场和进攻型中场。

伊万·拉基蒂奇
外文名：Ivan Rakitić / 国籍：克罗地亚
场上位置：中场 / 转会身价：2100万欧元
技术特点：中场多面手，拥有宽阔的视野，阅读比赛能力极强，拥有出色的传球能力。拉基蒂奇远射能力突出，同时具备强烈的后排插上意识，经常能够破门得分。

里奥·梅西

外文名：Lionel Messi/ 国籍：阿根廷
场上位置：右边锋 / 转会身价：青训球员
技术特点：球感和脚下技术一流，带球时球就像粘在脚上一样，能够在最狭小的空间里带球突破。出众的球感、速度、爆发力和平衡能力组合成了最可怕的"盘带机器"。

路易斯·苏亚雷斯

外文名：Luis Suárez/ 国籍：乌拉圭
场上位置：中锋 / 转会身价：8510 万欧元
技术特点：苏亚雷斯兼具速度、不可预测性和突破能力，双脚都有出色的射门技术。乌拉圭前锋的全面性可以让其胜任 9 号位置，也可以踢两个边路。

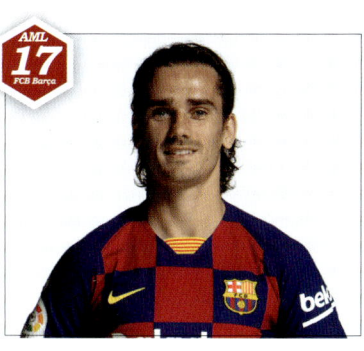

安东尼·格里兹曼

外文名：Antoine Griezmann/ 国籍：法国
场上位置：左边锋 / 转会身价：1.2 亿欧元
技术特点：拥有敏锐的门前嗅觉、出众的预判能力和精湛的射术，善于反击和快攻战。格里兹曼在进攻端可以给球队提供更多的选择与支持，是一名优秀的团队型球员。

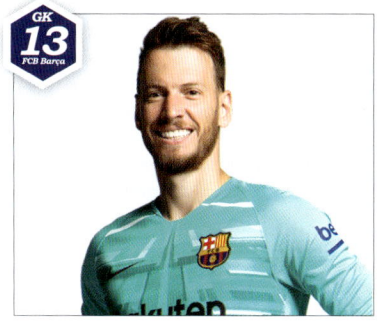

诺尔贝托·内托

外文名：Norberto Neto/ 国籍：巴西、意大利
场上位置：守门员 / 转会身价：3500 万欧元
技术特点：拥有优秀的身体素质和门线技术，善于处理高空球，扑救反应敏捷。先后效力过佛罗伦萨和尤文图斯，经历多年意甲的锤炼，使其临场发挥稳健而老辣。

萨穆埃尔·乌姆蒂蒂

外文名：Samuel Umtiti/ 国籍：法国、喀麦隆
场上位置：中后卫 / 转会身价：2500 万欧元
技术特点：拥有出众的身体条件、预判能力和精准的出球能力。强大的身体协调性与对抗能力，弥补了他身高上的不足。缺点是伤病较多，影响状态稳定性。

塞尔吉·罗伯托

外文名：Sergi Roberto/ 国籍：西班牙
场上位置：中场、边后卫 / 转会身价：青训球员
技术特点：罗伯托来自巴萨的青训系统，是一名能力均衡的现代型中场。不仅能够积极前插参与进攻，还有很好的防守能力，同时可以胜任边后卫角色。

阿图罗·比达尔

外文名：Arturo Vidal/ 国籍：智利
场上位置：中场 / 转会身价：2100 万欧元
技术特点：中场悍将，以防守能力强著称，拼抢积极，铲抢凶悍，防守覆盖范围大，擅于后插上进攻和远射。缺点是属于"吃牌专业户"，容易头脑发热。

阿图尔

外文名：Arthur/ 国籍：巴西
场上位置：中场 / 转会身价：4000 万欧元
技术特点：多才多艺的中场球员，传球精准度高，有出色的控球能力和宽阔的视野，总能够寻找前场的传球空间。尽管不是拉玛西亚青训球员，但已经拥有"巴萨 DNA"。

奥斯曼·登贝莱

外文名：Ousmane Dembélé/ 国籍：法国
场上位置：右边锋 / 转会身价：1.45 亿欧元
技术特点：登贝莱脚下技术非常出色，速度快如闪电，擅长一对一突破，左右脚射门能力均衡。缺点是发挥不稳定，缺乏临门一脚的自信。

造梦空间

巴萨七大关键词

FUTBOL CLUB BARCELONA

1 梦之队

巴萨七大关键词

在国际体坛,有两支球队被誉为"梦之队",一支是由NBA球星组成的美国男篮,另一支就是诺坎普的主人巴萨。他们的共通点就是对时代的统治性,华丽的外衣之上,他们的战绩与荣耀无可比拟,尽管也会有大意失荆州之时,但更多的时候,"梦之队"总是所参加比赛的王者。

造梦空间

Dream Team of Barça

"梦二队"：击沉银河战舰

2005年11月19日，巴萨在伯纳乌3比0彻底击沉了"银河战舰"，"梅开二度"的罗纳尔迪尼奥赢得了伯纳乌的起立喝彩。赛季未结束，弗洛伦蒂诺便黯然辞职，而后巴萨便实现了西甲联赛的两连冠，终结了皇家马德里的巨星年代。

在英超四强统治的欧冠赛场上，巴萨在2005/2006赛季捧起的欧冠奖杯更显珍贵，感受艺术足球在肌肉丛林中如何舞动也成为一代人的美妙回忆。罗纳尔迪尼奥的华丽、梅西的生猛、哈维的从容、埃托奥的速度、伊涅斯塔的灵动，"梦二"的荣耀远远超过了两个联赛冠军和一座欧冠的承载。

"梦三队"：宇宙队统治地球

2008/2009赛季，巴萨创纪录地拿到了联赛、国王杯和欧冠的"三冠王"，随后的2009年下半年中，巴萨又拿到了西班牙超级杯、欧洲超级杯和世俱杯的冠军，史无前例的"六冠王"荣耀尽显宇宙巴萨对地球的统治。

从2008年夏天至2013年夏天，巴萨共拿到了4个西甲冠军、2个欧冠冠军、2个国王杯冠军、3次西班牙超级杯冠军、2次欧洲超级杯冠军和2次世俱杯冠军。此外5个赛季中巴萨全部闯入欧冠半决赛，无论是西甲赛场、欧冠赛场还是世俱杯赛场，巴萨都展现出了无与伦比的统治力。

"梦一队"：西甲四连霸

1988年的夏天，克鲁伊夫回归诺坎普后开始筹建"梦之队"，第一个赛季便率领巴萨勇夺欧洲优胜者杯的冠军。

从1990/1991赛季起至1993/1994赛季，巴萨"梦一队"实现了西甲四连霸的伟业。在此期间，克鲁伊夫还为诺坎普赢得了西班牙超级杯、欧洲冠军杯和欧洲超级杯等荣耀，特别是1992年和1994年两次闯入欧冠决赛，足以见得巴萨在当时欧洲足坛的统治性地位。

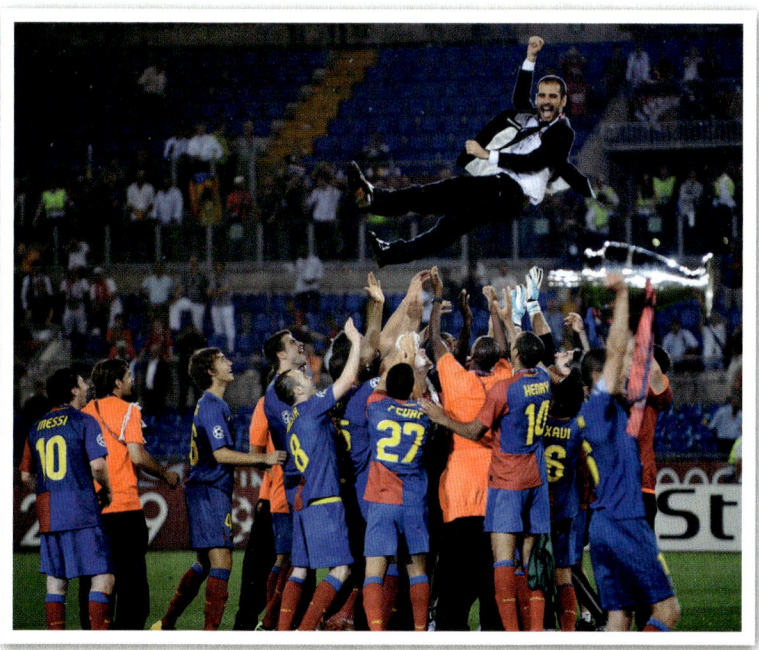

99

"梦四队"：重温"三冠王"

2014/2015赛季，"MSN"领衔的"红蓝军团"所向披靡，领先皇马2分夺得联赛冠军。在国王杯决赛中，巴萨3比1击败毕尔巴鄂竞技夺冠，梅西在比赛中"梅开二度"。欧冠决赛中，巴萨3比1击败尤文完成"三冠王"伟业。这是巴萨继2008/2009赛季后再次夺得"三冠王"，成为第八支成就"三冠王"的球队，更是历史上首支两夺"三冠王"的球队，堪称史无前例。2015年8月12日，欧洲超级杯决赛，巴萨5比4险胜塞维利亚，捧起队史上的第五座欧洲超级杯奖杯，从而追平AC米兰，并列历史第一。

2 无锋战术
巴萨七大关键词

"4-6-0"的无锋阵形曾被认为是离经叛道，因为这种阵形并不安排一名真正意义上的前锋，而是由多名中场球员通过换位轮流实施攻击，从而令对方后卫防不胜防。从阿森纳的"3-4-3"阵形到匈牙利的"3-3-4"，从巴西风靡的"4-2-4"再到克鲁伊夫时代的"4-3-3"，都在一个时间段引领着足坛潮流，每一次伟大的战术革新都推动着现代足球大步前进发展。

随着瓜迪奥拉、博斯克等走在时代最前沿的主教练用无锋阵形开启足球战术新的篇章，媒体惊呼"无锋开创足坛新纪元"。瓜迪奥拉将无锋阵形在巴萨发扬光大，并使得巴萨在世界足坛一度独步天下。2011年底的世俱杯决赛，巴萨对阵桑托斯，瓜迪奥拉排出被对手称为"3-7-0"的怪阵，梅西、哈维、伊涅斯塔、法布雷加斯、蒂亚戈等"10号"球员全部首发。巴萨祭出六名前腰！梅西"梅开二度"，哈维和法布雷加斯各进一球，堪称无锋战术的巅峰之作。

成功复制无锋战术的西班牙国家队也在2010年南非世界杯和2012年欧洲杯成功登顶。在无锋阵形将巴萨和西班牙队推向巅峰的同时，也令世界足坛迎来了又一次战术变革。

3 | 4号传承
巴萨七大关键词

中场历来是兵家必争之地，好的后腰，能够控制住场上的局势，能够起到一夫当关，万夫莫开的作用。在巴萨，后腰的焦点就是"4号"。大局观强，技术细腻，传球具有穿透力这些就是巴萨"4号"所必须具备的条件，他们大多负责球队前后场的衔接，是当之无愧的球队大脑和精髓。巴萨整个球队的风格，对于"4号"要求更多的是快速短传，与前场球员进行团队配合三五个人进行团队快速推进，使得进攻更加流畅。

瓜迪奥拉被认为是巴萨历史上最优秀的"4号"球员，这位诺坎普国王把组织型后腰诠释得非常完美，以至于4号这个本应属于中后卫的号码在巴萨有了全新的定义。瓜迪奥拉的接班人是哈维。从范加尔时代就打上主力的哈维虽然穿的是6号球衣，但在巴塞罗那球迷心中他是瓜迪奥拉"4号"的唯一接班人。伊涅斯塔是继哈维之后又一个4号位的继承者，从青年队就开始被广泛关注。伊涅斯塔的风格和哈维又不一样，他传球好，而且能盘带，速度又比哈维快。如果把哈维比作里克尔梅，伊涅斯塔就像艾马尔。他比哈维欠缺的是沉稳老练，这体现在出球的时机和对比赛节奏的掌控上。

从拉玛西亚走出来的4号还有一个不得不提，那就是现效力于切尔西的法布雷加斯。小法的出走是巴萨的一大损失，也可以看作巴萨4号过剩的表现。

4 | 双雄争霸
巴萨七大关键词

皇马与巴萨的百年争斗史就是一部西班牙足球的简史。两支队伍从建立之初就由于各种原因成了水火不容的敌人。起初加泰罗尼亚的人民反对西班牙政府最好的方式就是在球场上大比分击败来自首都的球队皇家马德里，双方从1902年的国王杯交战以来为广大球迷奉献了无数的经典战役。

仅就历史底蕴而言皇马似乎要更胜一筹。"银河舰队"是国际足联官方认可的20世纪世界最佳俱乐部，欧冠五连冠的壮举空前绝后，32座联赛冠军和欧冠"十冠王"，都是五大联赛其他豪门难望项背的佳绩，而巴萨在这两项最重要的冠军头衔上，远远落后于死敌。

不过，进入21世纪以来，里杰卡尔德和瓜迪奥拉先后中兴梦之队，巴萨已堪称现代足球楷模与首席巨无霸，不仅用传控足球引领并深远影响了足球发展潮流，各项赛事战绩更是全面压倒皇马。千禧年以来"红蓝军团"已七获西甲冠军，三捧国王杯，西班牙超级杯6冠，欧冠4冠，欧洲超级杯3冠，世俱杯两度问鼎，拜仁、曼联等一众豪门都无法企及。而皇马同期只有西甲5冠、国王杯2冠、西班牙超级杯4冠、欧冠2冠、欧洲超级杯2冠和世俱杯1冠，冠军数量与分量均不及巴萨。若只统计最近十年，巴萨在荣誉成就方面优势更大。

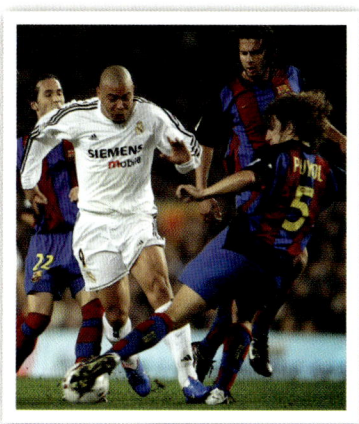

5 | 六冠王
巴萨七大关键词

2008/2009赛季在巴萨的历史长河中必定会留下浓墨重彩的一笔,西甲联赛、欧洲冠军联赛、国王杯、欧洲超级杯、西班牙超级杯、世俱杯,巴萨一年内获得了六座金杯,完成了跨年度的"六冠王"伟业,这是前无古人的成就。

回顾巴萨夺取六个冠军的历程,仍让人热血沸腾。2009年5月14日,国王杯决赛,巴萨在被对手毕尔巴鄂率先攻入一球的不利局面下,由图雷挺身而出掀起了红蓝战士的反扑,随后梅西、博扬、哈维的三个进球,帮助巴萨捧得年度首个桂冠。在西甲联赛中,巴萨一骑绝尘提前两轮将西甲冠军揽入怀中。在5月27日的欧冠决赛中,埃托奥和梅西两大杀手刺穿曼联的胸膛,瓜迪奥拉在自己的处子赛季便率领巴萨登临欧洲之巅。该年度的第四座冠军奖杯则来自西班牙超级杯,他们不费吹灰之力便将毕尔巴鄂竞技打得找不着北,从而为诺坎普再添一笔殊荣。

在8月29日进行的欧洲超级杯比赛中,凭借佩德罗的加时绝杀,巴萨第三次捧起欧洲超级杯。而在该年度的最后一项比赛中,巴萨在阿布扎比举行的世俱杯决赛中2比1战胜阿根廷大学生队,首赢世俱桂冠。巴萨也因此实现了前无古人的"六冠王"伟业,将"王朝"这个概念又推向了一个新的巅峰。

6 | 全攻全守
巴萨七大关键词

荷兰一代传奇教练里努斯·米歇尔斯是全攻全守战术的创始人,他扬名于阿贾克斯,1971年带队夺得欧冠后入主巴萨。同时,克鲁伊夫也从阿贾克斯来到诺坎普,并成为球队的核心灵魂,师徒二人双剑合璧,带领巴萨创造了许多辉煌时刻。

退役后的克鲁伊夫继承了米歇尔斯的衣钵,成为巴萨主教练的他在诺坎普继续推广全攻全守。克鲁伊夫带领巴萨获得了队史第一座欧冠冠军,并创造了"梦一"王朝,他的理念对巴萨产生了非常深刻的影响。

几乎在"梦之队"称号叫响的同一时期,瓜迪奥拉迎来了自己在巴萨的一线队首秀,并成为克鲁伊夫手下的主力后腰。退役后的瓜迪奥拉听取了克鲁伊夫的建议,于2008年成为巴萨主帅,帮助球队在那个赛季收获史无前例的"六冠王"。瓜式巴萨的风格仍然保留着克鲁伊夫的印记,甚至有人会把瓜迪奥拉的成功归功于克鲁伊夫当年对他的培养。

巴萨之所以几十年来都屹立不倒,与"米歇尔斯—克鲁伊夫—瓜迪奥拉"这样的传承密不可分。全攻全守,并不是表面上的全队一起进攻、一起防守,真正的精髓是控球技术和创造能力,将两者黏合起来的则是自由发挥和无球跑动。在荷兰队全攻全守渐行渐远之际,世界足坛却涌现了新的全攻全守代表,最显著的代表是巴萨,以及西班牙和巴西两支国家队。

在巴萨的攻防体系中,最核心之处就是控球,利用控球将主动权掌握在自己手中,运用创造性和自由跑动制造杀机,同时整体防线压上,让对手只能缩在自己半场里挨打。这种新一代的全攻全守战术,让巴萨的进攻发挥得酣畅淋漓,如同行云流水。

7 技术为王

巴萨七大关键词 ♥

加泰罗尼亚是个盛产天才的地方，其中最具代表性的有建筑大师安东尼奥·高迪和绘画鬼才萨尔瓦多·达利，只有前者才能设计出圣家族大教堂这种比雕塑更精致繁复的杰作，也只有后者才能把时钟幻化成柔软流动的形态。

在足球场上，这里同样不缺少天才，因为这也是巴萨所在的城市。

每一个进入拉玛西亚青训营的孩子从小被灌输的理念就是用技术瓦解对手的意志，"无论你处于球场的哪个位置，都至少要有两个传球点，这是最基本的"。他们讲究的是以精准短传为基础，追求极致的控球，"球在本方脚下自然立于不败之地"。

这种控球并不是漫无目的的后场倒脚，而是在频繁传导球的同时观察对方防守体系的空当。一旦找到空当，那就通过快速传球将球输送到最能杀伤对手的位置上。

在功利主义横行的当今足坛，始终坚守技术至上的巴萨是个另类。事实证明，真理有些时候就掌握在少数人手里。巴萨用他们的漂亮足球赢得了一座座沉甸甸的冠军奖杯，也彻底将功利足球击败。

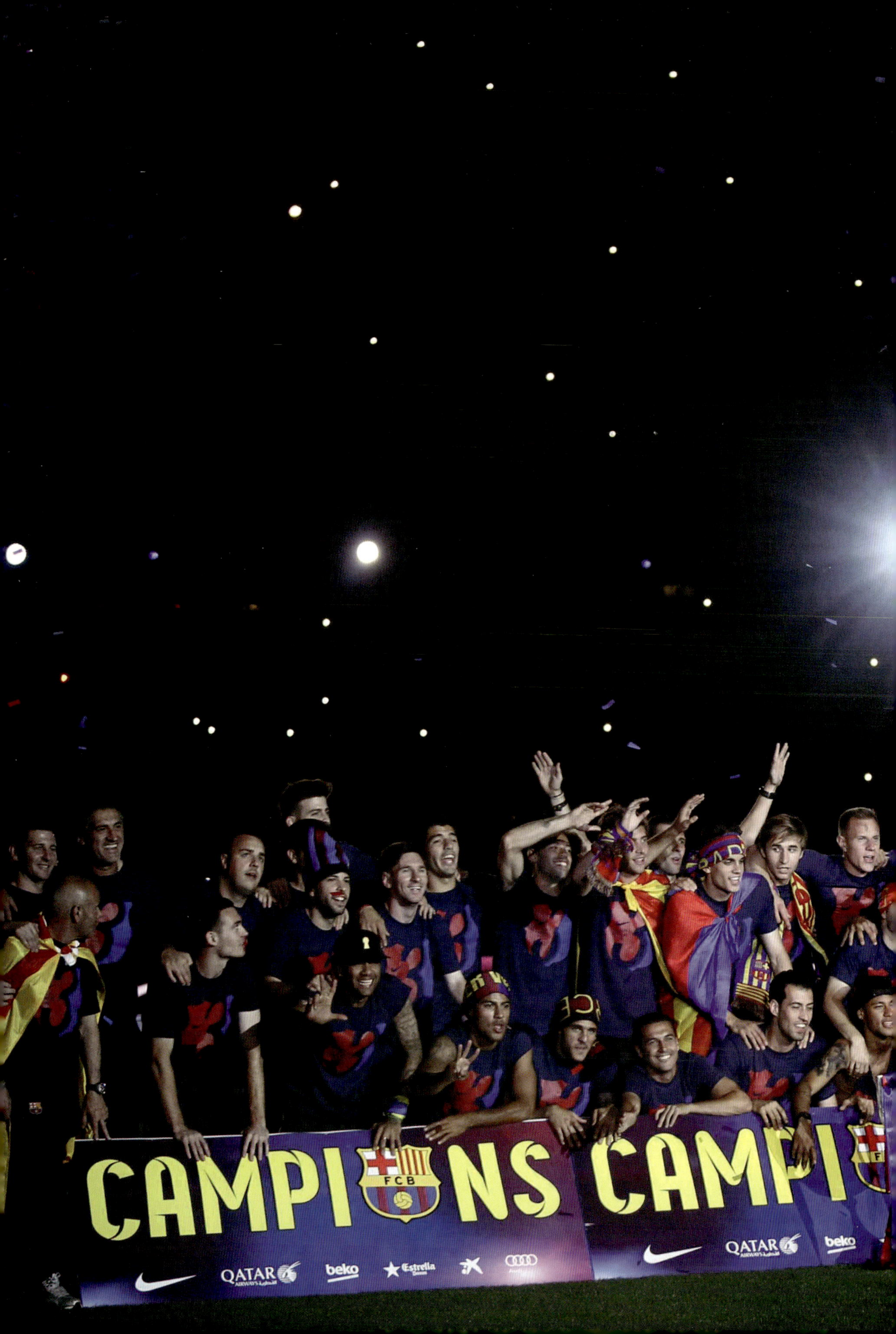
CAMPI FCB NS
CAMPI
FCB
QATAR
beko
Estrella
QATAR
beko

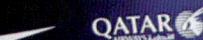

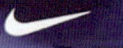

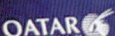

巴萨之耀
红蓝百年高光闪回

FÚTBOL CLUB BARCELONA

荣誉数据酷

26 西班牙甲级联赛
26 次获得冠军

● 巴萨是获得西甲联赛冠军次数第二多的球队（仅次于皇马的 33 次），此外还获得过 25 次亚军，是获得亚军次数最多的球队。

30 西班牙国王杯
30 次获得冠军

● 巴萨是获得西班牙国王杯冠军次数最多的球队，此外还获得过 11 次亚军。

13 西班牙超级杯
13 次获得冠军

● 巴萨是获得西班牙超级杯冠军次数最多的球队，此外还获得过 10 次亚军。

02 西班牙联赛杯
2 次获得冠军

● 该赛事于 1982 年创办，由西班牙皇家足球协会主办，国内每个级别联赛独立竞赛，由于种种原因，仅举办了四届便于 1986 年停办。

05 欧洲冠军联赛
5 次获得冠军

● 自 1991/1992 赛季首夺欧冠联赛冠军后，2006 年至 2015 年巴萨又四度加冕，被国际足联评为"20 世纪最伟大的球队"。

05 欧洲超级杯
5 次获得冠军

● 巴萨是获得欧洲超级杯冠军次数最多的球队，此外还获得过 4 次亚军。

04 欧洲优胜者杯
4 次获得冠军

● 巴萨是获得欧洲优胜者杯冠军次数最多的球队，此外还获得过 2 次亚军。

03 国际城市博览会杯
3 次获得冠军

● 该赛事是欧洲联盟杯的前身。巴萨是获得这项赛事冠军次数最多的球队，此外还获得过 1 次亚军。

03 世界俱乐部杯
3 次获得冠军

● 巴萨是首支夺得这项赛事冠军的西班牙球队。

巴萨之耀
Glory of Barça

巴萨档案

俱乐部信息

- 中文队名：巴塞罗那足球俱乐部
- 外文队名：Fútbol Club Barcelona
- 成立时间：1899年11月29日
- 主场体育场：诺坎普
- 容纳人数：98260人
- 俱乐部创始人：汉斯·甘伯
- 俱乐部主席：巴托梅乌
- 体育经理：布拉伊达
- 现任主教练：埃内斯托·巴尔韦德
- 现任队长：里奥·梅西
- 现任副队长：塞尔吉奥·布斯克茨

萨效力。他为巴萨设计了沿用至今的队徽，这是一个类似锅形的队徽，后来人们认为在俱乐部队徽上应该加入一些象征加泰罗尼亚地区的标志，于是就加入了黄红条纹。在队徽的左上角，人们还加入了巴塞罗那守护神圣的十字架，以象征巴塞罗那城。队徽下面的蓝色和红色间条象征着俱乐部的颜色，最后在红蓝条纹之间又加上了足球。就这样，巴萨拥有了一个可以和城市、国家紧密相连的队徽。

自1910年之后，队徽设计改动很少，一般只是出于美化目的稍作修改。最大的变动是因为政治，佛朗哥去掉了右上角四个深色条纹中的两个，俱乐部缩写字母的顺序也有所改动，队徽中部绶带的颜色同样有所改动。1949年俱乐部50周年庆典时，右上角的深色条纹恢复。1973年，队徽基本恢复到1910年的设计。2002年，新的队徽面世，由设计师塞拉伊马设计，他取消了"F.C.B."中间的点以及侧面的数字，风格更简洁明快。

队徽的演变

队服的演变

自巴萨成立之日起，俱乐部就有自己的队徽，球员们以身着巴萨队徽为荣。巴塞罗那足球俱乐部成立初期采用的是巴塞罗那市的市徽，只不过他们在市徽上又加上了象征冠军的月桂花冠以及一只蝙蝠，在图案的周围写上了俱乐部的名称和成立日期。

1910年，巴萨决定为俱乐部设计一个专用的队徽。卡洛斯·科马马拉赢得了一次公开竞赛，成为俱乐部会徽设计者。他是一位医生、在新闻界也略有名气，1903—1912年在巴

巴萨球衣保持红蓝特色已超过百年，在加泰罗尼亚语中，"巴萨"就是红蓝的意思。虽然巴萨球衣始终保持同一款式，

可建队头 10 年，队服短裤是白色的，之后变为黑色，1920年才换成蓝色。

球队为什么要用红蓝两色做队服的主色呢？说法很多，第一种是：球队的组织者之一、首任队长甘贝尔在组建巴萨前，自己在瑞士的球队也是红蓝两色的队服，所以他提议巴萨也用这两种象征"沉稳与激情"的颜色。第二种是：一百年前，巴塞罗那的手工业工人经常使用一种红蓝两色的铅笔，球队也就采用这两个颜色，有贴近生活的意思。

但是上述说法都无法提供确凿的证据，但可以肯定的是，巴萨球衣已经是世界足坛最知名、最具神秘感的球衣之一。

2019/2020 赛季主场队服

俱乐部特色

基于俱乐部的传统，巴萨是欧洲大俱乐部当中少有的禁止将赞助商的商标展示在球衣胸前的俱乐部。俱乐部认为，球衣上的红蓝间条是加泰罗尼亚的象征，因为胸前的广告会破坏红蓝间条，所以多次拒绝丰厚的赞助费，以其球衣所属制造商耐克最为有争议。但 2005 年开始，俱乐部官方批准将一家地方电视台 TV3 展示在球衣左边衣袖上。俱乐部在 2006/2007 赛季为慈善破例，历史性首次在球衣上印上联合国儿童基金会标志，并且将俱乐部年度收益的 0.7% 捐给"联合国千年发展目标"计划。在 2007 年国际足联年度颁奖礼中，巴萨因此获得国际足联颁发的年度公平竞技奖，成为首次获得该奖项的足球俱乐部。然而之后巴萨推翻了惯例，接受了卡塔尔基金会的胸前广告。

巴萨纪录榜单

- 荣获官方年度赛事最多冠军：六冠（2009 年）
- 西班牙第一个赢得"三冠王"的俱乐部：2009 年
- 获得国王杯冠军次数最多：30 次
- 金球奖候选人均来自同一俱乐部：2010 年（梅西、哈维、伊涅斯塔）
- 球员奖项获得最多的俱乐部：26 个（7 个世界足球先生奖、7 个欧洲足球先生奖、4 个世界金球奖、3 个欧洲最佳球员奖和 5 个欧洲金靴奖）
- 获得西甲联赛最佳球员奖项次数最多的球员：梅西（8 次）
- 单场比赛进球最多的球员：库巴拉 / 7 球（1951/1952 赛季，西甲联赛对阵希洪竞技）
- 联赛出场次数最多的球员：哈维（505 场、1998 年至 2015 年）
- 联赛上演"帽子戏法"最多的球员：梅西（28 次）
- 各项赛事上演"帽子戏法"最多的球员：梅西（41 次）
- 联赛单赛季上演"帽子戏法"最多的球员：梅西（8 次）
- 联赛最快上演"帽子戏法"的球员：佩德罗（9 分钟，2013/2014 赛季，对阵赫塔菲）
- 联赛单赛季连续两场比赛打入 4 球的球员：路易斯·苏亚雷斯（2015/2016 赛季，第 34 轮和第 35 轮）
- 第一个获得欧洲足球先生奖的巴萨球员：路易斯·苏亚雷斯（1960 年）
- 第一个获得世界足球先生奖的巴萨球员：罗马里奥（1994 年）
- 欧冠联赛单赛季进球最多的球员：梅西（14 球 /11 场 2011/2012 赛季）
- 欧冠联赛进球最多的球员：梅西（112 球 /137 场）
- 获得欧冠联赛最佳射手次数最多的球员：梅西 [6 次（2008/2009 赛季、2009/2010 赛季、2010/2011 赛季、2011/2012 赛季、2014/2015 赛季、2018/2019 赛季）]
- 蝉联欧冠联赛最佳射手次数最多的球员：梅西 [4 次（2008/2009 赛季、2009/2010 赛季、2010/2011 赛季、2011/2012 赛季）]
- 西甲联赛进球最多的球员：梅西（428 球）
- 西甲联赛单赛季进球最多的球员：梅西（50 球、2011/2012 赛季）
- 俱乐部历史进球最多的球员：梅西（614 球 /701 场）
- 俱乐部历史助攻最多的球员：梅西（251 次）
- 西甲联赛连续出场并进球最多的球员：梅西（2012 年西甲第 11 轮至第 34 轮，21 场比赛里打进 33 球）
- 西甲联赛单赛季主场进球最多的球员：梅西（35 球、2011/2012 赛季）
- 西甲联赛单赛季客场进球最多的球员：梅西（24 球、2012/2013 赛季）
- 国王杯进球最多的球员：萨米蒂尔（65 球）
- 转会费支出最高的球员：库蒂尼奥（1.6 亿欧元，2018 年 1 月 6 日）
- 转会费收入最高的球员：内马尔（2.22 亿欧元，2017 年 8 月 3 日）
- 所有赛事最长时间不失球：896 分钟（2011/2012 赛季，西甲第 5 轮比赛的第 22 分钟开始，至第 12 轮比赛的第 20 分钟结束。共 6 场比赛，包括欧冠联赛）
- 单赛季西甲进球最多的锋线组合：梅西、内马尔和苏亚雷斯（90 球、2015/2016 赛季）
- 单赛季所有赛事进球最多的锋线组合：梅西、内马尔和苏亚雷斯（131 球、2015/2016 赛季）
- 西甲连冠数最多：4 次（1990/1991 赛季、1991/1992 赛季、1992/1993 赛季、1993/1994 赛季）
- 保持不失球比赛最多的门将：巴尔德斯（535 场正式比赛，有 237 场比赛零封对手）
- 平均失球最少的门将：巴尔德斯 /0.5 个（2010 /2011 赛季，32 场联赛比赛失 16 球）
- 保持不败时间最长的门将：布拉沃（754 分钟）
- 世俱杯进球最多的球员：梅西 / 苏亚雷斯（5 球）
- 赢得联赛冠军次数最多的球员：里奥·梅西 /10 次
- 西甲联赛出场次数最多的球员：哈维（505 场）
- 各项赛事出场次数最多的球员：哈维（767 场）
- 欧冠从小组赛到决赛出场次数最多的球员：哈维（157 场）
- 欧冠决赛出场次数最多的球员：伊涅斯塔 /4 次（2005/2006 赛季、

2008/2009赛季、2010/2011赛季、2014/2015赛季）
- 第一位在单赛季六个不同赛事中进球的球员：佩德罗（2009/2010赛季，在西班牙国王杯、西甲、欧冠联赛、西班牙超级杯、欧洲超级杯和世俱杯）
- 参加欧战决赛最多：18次
- 获得"国内双冠王"（联赛和国王杯）次数最多：8次（1951/1952赛季、1952/1953赛季、1958/1959赛季、1997/1998赛季、2008/2009赛季、2014/2015赛季、2015/2016赛季和2017/2018赛季）
- 获得"双冠王"（欧冠和联赛）次数最多：5次（1991/1992赛季、2005/2006赛季、2008/2009赛季、2010/2011赛季和2014/2015赛季）
- 获得"三冠王"（欧冠、联赛、杯赛）次数最多：2次（2008/2009赛季、2014/2015赛季）
- 主场比赛观众最多：12万人（1986年3月5日欧冠1/4决赛，对阵尤文图斯）
- 联赛历史最高积分：100分（2012/2013赛季）
- 单赛季获得国内赛事冠军次数：5次（1951/1952赛季）
- 西甲联赛最多连胜场次：16场（2010/2011赛季，第7轮至第22轮）
- 西甲联赛冠亚军最大分差：15分（2012/2013赛季，领先第二名皇马）
- 整个赛季保持积分榜头名：2次（2012/2013赛季和1984/1985赛季）
- 西甲联赛半程积分最多：55分（2012/2013赛季）
- 西甲联赛半程进球最多：61球（2012/2013赛季）
- 西甲联赛单赛季客场积分最多：46分（2010/2011赛季）
- 单赛季进球最多：158球（2008/2009赛季）
- 单个年份所有赛事进球最多：2011年，64场比赛打入170球
- 单赛季联赛最多胜利：32胜（2012/2013赛季）
- 单赛季联赛最多客场胜利：14场（2010/2011赛季）
- 最长客场连胜：13场（从2008年9月21日至2009年1月11日）
- 最多连胜场次：9场（2010/2011赛季）
- 西甲联赛最佳客场开局：10场（2012/2013赛季）
- 西甲联赛前半程赢得所有客场比赛：9场（2010/2011赛季）
- 首支单赛季联赛所有客场比赛都有进球的球队：19场（2010/2011赛季）
- 西甲联赛客场进球最多的球队：52球（2012/2013赛季）
- 西甲联赛拥有最多净胜球：74球（2009/2010赛季、2010/2011赛季）
- 西甲联赛最大客场胜利：8比0
- 单赛季各项赛事胜利场次最多：50场（2014/2015赛季）
- 单赛季最长连续进球场次：34场（2009/2010赛季）
- 赛事连续不败：28场（2010/2011赛季）
- 西甲联赛不失球场次：31场（2009/2010赛季）
- 西甲联赛连续不失球场次：7场（1986年11月至1987年7月）
- 西甲联赛主场连续不失球场次：12场（2011年1月23日至4月15日）
- 单赛季最多胜利的场次：45场（2010/2011赛季）
- 西甲联赛前半程场均最多进球：3.2球（2010/2011赛季）
- 西甲联赛连续获得冠军次数：4届（1990/1991赛季至1993/1994赛季）
- 西甲联赛首轮开始保持最长不败纪录：17胜4平（2009/2010赛季）
- 西甲联赛主场连续不败：67场（1972/1973赛季第25轮至1976/1977赛季第21轮）
- 西甲联赛客场连续不败：23场（2010年2月14日至2011年4月30日）
- 西甲单赛季最长不败：36场（2017/2018赛季）
- 西甲下半程最多积分：50分（2009/2010赛季）
- 西甲联赛最多进球：115球（2012/2013赛季）
- 西甲联赛最少进球：32球（1939/1940赛季）
- 西甲联赛最少丢球：18球（1968/1969赛季）
- 西甲联赛最多丢球：66球（1941/1942赛季）
- 西甲联赛主场最长不败：25轮（1972/1973赛季）
- 西甲联赛最长主场连胜：39场（1957/1958赛季第22轮至1960/1961赛季第8轮）
- 西甲联赛上半程不败场次：19场（2009/2010赛季）
- 西甲最长连续不败场次：43场比赛（2016/2017赛季和2017/2018赛季）
- 单赛季主场最多胜利次数：19胜（1986/1987赛季）
- 西甲联赛最少失利场次：1场（2009/2010赛季）
- 西甲联赛最长连续进球：36场（1942/1943赛季第9轮至1943/1944赛季第18轮）
- 西甲联赛主场最长连续进球：88场（1951/1952赛季第22轮至1957/1958赛季第18轮）
- 西甲联赛最大主场胜利：10比1胜特拉格纳（1949年11月9日）
- 西甲联赛最大客场胜利：9比1胜拉斯帕尔马斯（1959/1960赛季）
- 所有赛事最大胜利：18比0（1901年3月17日，对阵特拉格纳）
- 友谊赛最大胜利：20比1（1992年8月6日，对阵斯米尔德）
- 欧冠联赛最长连胜：11场（2002/2003赛季）
- 所有官方赛事最长连胜：18场（2005/2006赛季）
- 欧冠联赛单赛季进球最多：45球（1999/2000赛季）
- 欧冠联赛单赛季小组赛阶段失球最少：1球（2017/2018赛季）
- 欧冠联赛单赛季小组赛阶段全胜纪录：2002/2003赛季
- 欧冠联赛主场最长连续不败：35场（2013年9月18日，4比0胜阿贾克斯，至2019年11月28日，3比1胜多特蒙德）
- 欧冠联赛单赛季最长不败：13场（2005/2006赛季，9胜4平）
- 欧冠联赛1/4决赛连续出场：12场（2007/2008赛季至2018/2019赛季）
- 欧战最大主场胜利：8比0胜阿波罗马索尔（1982年9月15日，欧洲优胜者杯）；8比0胜普霍夫（2003年10月15日，联盟杯）
- 欧战最大客场胜利：7比0胜比夫舒华夏普尔（2005年9月12日，联盟杯）
- 欧冠最大客场胜利：5比0（2008年10月22日，胜巴塞尔；2011年9月28日，胜巴特鲍里索夫）
- 连续打进国王杯决赛次数最多：6次（2014年、2015年、2016年、2017年、2018年和2019年）
- 国王杯连胜场次（不含决赛）最多：23场（2014年12月16日开始至今）
- 单赛季青训球员进球最多的球队：150球（2011/2012赛季，190球中有150球是由巴萨青训球员打进）

注：以上所有数据截止到2019年12月1日。

巴萨冠军榜单

西甲联赛冠军（26个）

赛季	胜	平	负	进球	失球	积分
1928/1929	11	3	4	37	23	25
1944/1945	17	5	4	50	30	39
1947/1948	15	7	4	65	31	37
1948/1949	16	5	5	66	36	37
1951/1952	19	5	6	92	43	43
1952/1953	19	4	7	82	43	42
1958/1959	24	3	3	96	26	51
1959/1960	22	2	6	86	28	46
1973/1974	20	8	5	75	24	50
1984/1985	21	11	2	69	25	53
1990/1991	25	7	6	73	33	57
1991/1992	23	9	6	87	37	55
1992/1993	25	8	5	87	34	58
1993/1994	25	6	7	91	42	56
1997/1998	23	5	10	78	56	74
1998/1999	24	7	7	87	43	79
2004/2005	25	9	4	73	29	84
2005/2006	25	7	6	80	35	82
2008/2009	27	6	5	105	35	87
2009/2010	31	6	1	98	24	99
2010/2011	30	6	2	95	21	96
2012/2013	32	4	2	115	40	100
2014/2015	30	4	4	110	21	94
2015/2016	29	4	5	112	29	91
2017/2018	28	9	1	99	29	93
2018/2019	26	9	3	90	36	87

西班牙超级杯冠军（13个）

年份	首回合战绩	次回合战绩
1983	毕尔巴鄂竞技1比3巴萨	巴萨0比1毕尔巴鄂竞技
1991	马德里竞技0比1巴萨	巴萨1比1马德里竞技
1992	巴萨3比1马德里竞技	马德里竞技1比2巴萨
1994	皇家萨拉戈萨0比1巴萨	巴萨4比5皇家萨拉戈萨
1996	巴萨5比2马德里竞技	马德里竞技3比1巴萨
2005	皇家贝蒂斯0比3巴萨	巴萨1比2皇家贝蒂斯
2006	西班牙人1比0巴萨	巴萨3比0西班牙人
2009	毕尔巴鄂竞技1比2巴萨	巴萨3比0毕尔巴鄂竞技
2010	塞维利亚3比1巴萨	巴萨4比0塞维利亚
2011	皇家马德里2比2巴萨	巴萨3比2皇家马德里
2013	马德里竞技1比1巴萨	巴萨0比0马德里竞技
2016	塞维利亚0比2巴萨	巴萨3比0塞维利亚
2018	塞维利亚1比2巴萨（单回合）	

欧洲冠军联赛冠军（5个）

赛季	决赛战绩	决赛场地
1991/1992	巴萨1比0森多利亚	温布利球场
2005/2006	巴萨2比1阿森纳	圣坦尼球场
2008/2009	巴萨2比0曼联	罗马奥林匹克球场
2010/2011	巴萨3比1曼联	温布利球场
2014/2015	巴萨3比1尤文图斯	柏林奥林匹克球场

国际足联世界俱乐部杯冠军（3个）

年份	决赛战绩	决赛场地
2009	巴萨2比1拉普拉塔大学生	萨耶迪球场
2011	巴萨4比0桑托斯	横滨国际综合竞技场
2015	巴萨3比0河床	横滨国际综合竞技场

西班牙国王杯冠军（30个）

赛季	决赛战绩	决赛场地
1909/1910	巴萨3比2马德里西班牙人	提罗尔毕盛球场
1911/1912	巴萨2比0皇家社会体操会	德拉卡列球场
1912/1913	巴萨2比1皇家社会	德拉卡列球场
1919/1920	巴萨2比0毕尔巴鄂竞技	大磨坊球场
1921/1922	巴萨5比1皇家联邦	坎普科亚球场
1924/1925	巴萨2比0亚勒那斯	维多利亚球场
1925/1926	巴萨3比2马德里竞技	梅斯塔利亚球场
1927/1928	巴萨3比1皇家社会	萨迪内罗球场
1941/1942	巴萨4比3毕尔巴鄂竞技	查马丁球场
1950/1951	巴萨3比0皇家社会	查马丁球场
1951/1952	巴萨4比2巴伦西亚	查马丁球场
1952/1953	巴萨2比1毕尔巴鄂竞技	查马丁球场
1956/1957	巴萨1比0西班牙人	莫祖锡奥林匹克球场
1958/1959	巴萨4比1格拉纳达	伯纳乌球场
1962/1963	巴萨3比1萨拉戈萨	诺坎普球场
1967/1968	巴萨1比0皇家马德里	伯纳乌球场
1970/1971	巴萨4比3巴伦西亚	伯纳乌球场
1977/1978	巴萨3比1拉斯彭马斯	伯纳乌球场
1980/1981	巴萨3比1希洪竞技	卡尔德隆球场
1982/1983	巴萨2比1皇家马德里	罗马利达球场
1987/1988	巴萨1比0皇家社会	伯纳乌球场
1989/1990	巴萨2比0皇家马德里	路易斯·卡萨诺华球场
1996/1997	巴萨3比2皇家贝蒂斯	伯纳乌球场
1997/1998	巴萨5比4（点球）马洛卡	梅斯塔利亚球场
2008/2009	巴萨4比1毕尔巴鄂竞技	梅斯塔利亚球场
2011/2012	巴萨3比0毕尔巴鄂竞技	卡尔德隆球场
2014/2015	巴萨3比1毕尔巴鄂竞技	诺坎普球场
2015/2016	巴萨2比0塞维利亚	卡尔德隆球场
2016/2017	巴萨3比1阿拉维斯	卡尔德隆球场
2017/2018	巴萨5比0塞维利亚	万达人都会球场

欧洲超级杯冠军（5个）

年份	决赛战绩	决赛场地
1992	巴萨3比2云达不来梅（双回合）	诺坎普球场
1997	巴萨3比1多特蒙德（双回合）	威斯特法伦球场
2009	巴萨1比0顿涅茨克矿工	路易二世球场
2011	巴萨2比0波尔图	路易二世球场
2015	巴萨5比4塞维利亚	迪纳摩体育场

欧洲优胜者杯冠军（4个）

赛季	决赛战绩	决赛场地
1978/1979	巴萨4比3杜塞尔多夫	雅各布球场
1981/1982	巴萨2比1标准列日	诺坎普球场
1988/1989	巴萨2比0桑普多利亚	范可多夫球场
1996/1997	巴萨1比0巴黎圣日耳曼	费耶诺德球场

历届队内联赛最佳射手（1928/1929 赛季至 2018/2019 赛季）

赛季	姓名	国籍	进球数
1928/1929	曼纽尔·帕雷拉	西班牙	11球
1929/1930	安吉尔·阿罗查	西班牙	11球
1930/1931	安吉尔·阿罗查	西班牙	16球
1931/1932	何塞普·萨米蒂尔	西班牙	11球
1932/1933	胡安·雷蒙	西班牙	12球
1933/1934	马丁·文托拉	西班牙	13球
1934/1935	何塞·埃斯科拉	西班牙	17球
1935/1936	何塞·埃斯科拉	西班牙	13球
1939/1940	爱德华多·赫雷拉	西班牙	9球
1940/1941	马丁·阿隆索	西班牙	12球
1941/1942	马丁·阿隆索	西班牙	18球
1942/1943	马丁·阿隆索	西班牙	30球
1943/1944	马丁·阿隆索	西班牙	24球
1944/1945	何塞·埃斯科拉	西班牙	16球
1945/1946	塞萨尔·罗德里格斯	西班牙	12球
1946/1947	何塞·赛格瑞	西班牙	10球
1947/1948	塞萨尔·罗德里格斯	西班牙	19球
1948/1949	塞萨尔·罗德里格斯	西班牙	27球
1949/1950	塞萨尔·罗德里格斯	西班牙	17球
1950/1951	塞萨尔·罗德里格斯	西班牙	29球
1951/1952	拉迪斯劳·库巴拉	匈牙利	26球
1952/1953	托马斯·埃尔南德斯	西班牙	22球
1953/1954	拉迪斯劳·库巴拉	匈牙利	23球
1954/1955	拉迪斯劳·库巴拉	匈牙利	14球
1955/1956	拉迪斯劳·库巴拉	匈牙利	14球
1956/1957	路易斯·苏亚雷斯	西班牙	13球
1957/1958	胡斯托·特哈达	西班牙	15球
1958/1959	埃瓦里斯托	巴西	20球
1959/1960	欧洛吉奥·马丁内斯	巴拉圭	23球
1960/1961	埃瓦里斯托	巴西	11球
1961/1962	埃瓦里斯托	巴西	20球
1962/1963	何塞·安东尼奥·萨尔杜亚	西班牙	10球
1963/1964	卡耶塔诺·雷	巴拉圭	17球
1964/1965	卡耶塔诺·雷	巴拉圭	26球
1965/1966	华金·里费	西班牙	9球
1966/1967	佩德罗·萨巴拉	西班牙	10球
	何塞普·福斯特	西班牙	10球
1967/1968	何塞·安东尼奥·萨尔杜亚	西班牙	12球
1968/1969	何塞·安东尼奥·萨尔杜亚	西班牙	11球
1969/1970	何塞·安东尼奥·萨尔杜亚	西班牙	6球
1970/1971	卡洛斯·雷克萨奇	西班牙	17球
1971/1972	胡安·曼纽尔·阿森西	西班牙	9球
1972/1973	何塞·安东尼奥·巴里奥斯	西班牙	8球
1973/1974	马尔西亚尔	西班牙	17球
1974/1975	曼纽尔·克拉雷斯	西班牙	10球
1975/1976	约翰·内斯肯斯	荷兰	12球
1976/1977	曼纽尔·克拉雷斯	西班牙	22球
1977/1978	卡洛斯·雷克萨奇	西班牙	9球
	胡安·曼纽尔·阿森西	西班牙	9球
1978/1979	汉斯·弗兰克尔	奥地利	29球
1979/1980	胡安·西蒙森	丹麦	10球
1980/1981	基尼	西班牙	20球
1981/1982	基尼	西班牙	27球
1982/1983	迭戈·马拉多纳	阿根廷	11球
1983/1984	马科斯·阿隆索	西班牙	12球
1984/1985	史蒂夫·阿奇博尔德	苏格兰	15球
1985/1986	伯恩德·舒斯特尔	德国	10球
1986/1987	加里·莱因克尔	英格兰	20球
1987/1988	加里·莱因克尔	英格兰	16球
1988/1989	胡利奥·萨利纳斯	西班牙	20球
1989/1990	胡利奥·萨利纳斯	西班牙	15球
1990/1991	赫里斯托·斯托伊奇科夫	保加利亚	14球
1991/1992	赫里斯托·斯托伊奇科夫	保加利亚	17球
1992/1993	赫里斯托·斯托伊奇科夫	保加利亚	20球
1993/1994	索乌萨·罗马里奥	巴西	30球
1994/1995	赫里斯托·斯托伊奇科夫	保加利亚	9球
	罗纳德·科曼	荷兰	9球
1995/1996	奥斯卡·加西亚	西班牙	10球
1996/1997	罗纳尔多	巴西	34球
1997/1998	里瓦尔多	巴西	19球
1998/1999	里瓦尔多	巴西	24球
1999/2000	帕特里克·克鲁伊维特	荷兰	15球
2000/2001	里瓦尔多	巴西	23球
2001/2002	帕特里克·克鲁伊维特	荷兰	18球
2002/2003	帕特里克·克鲁伊维特	荷兰	16球
2003/2004	罗纳尔迪尼奥	巴西	15球
2004/2005	萨穆埃尔·埃托奥	喀麦隆	25球
2005/2006	萨穆埃尔·埃托奥	喀麦隆	26球
2006/2007	罗纳尔迪尼奥	巴西	21球
2007/2008	萨穆埃尔·埃托奥	喀麦隆	16球
2008/2009	萨穆埃尔·埃托奥	喀麦隆	30球
2009/2010	里奥·梅西	阿根廷	34球
2010/2011	里奥·梅西	阿根廷	31球
2011/2012	里奥·梅西	阿根廷	50球
2012/2013	里奥·梅西	阿根廷	46球
2013/2014	里奥·梅西	阿根廷	28球
2014/2015	里奥·梅西	阿根廷	43球
2015/2016	路易斯·苏亚雷斯	乌拉圭	40球
2016/2017	里奥·梅西	阿根廷	37球
2017/2018	里奥·梅西	阿根廷	34球
2018/2019	里奥·梅西	阿根廷	36球